말 한마디로
당신을 안아줄 수 있다면

관계의 온기를 더하는
긍정적인 말의 힘

말 한마디로
당신을
안아줄 수 있다면

할 어반 지음 | 박정길 옮김

웅진 지식하우스

친절한 말은 짧지만 그 메아리는 오래간다.

마더 테레사

To. ～～～～～

～～～～～～～～～～～～～～～～～～～～～
～～～～～～～～～～～～～～～～～～～～～
～～～～～～～～～～～～～～～～～～～～～
～～～～～～～～～～～～～～～～～～～～～
～～～～～～～～～～～～～～～～～～～～～

From. ～～～～～

2006년, 수많은 독자들에게 따뜻한 긍정을 선물했던 《긍정적인 말의 힘》이 2019년 《말 한 마디로 당신을 안아줄 수 있다면》으로 다시 태어난다. 많은 독자들과 청중들로부터 정말 뜨거운 관심과 지지를 받았던 힘 있는 그 책이 2019년 새로운 이름으로 다가오니, 감회가 퍽 새롭다.

2003년 7월, 나는 샌프란시스코에서 2시간 거리에 있는 산타크루즈 대학교에서 신경언어학 프로그래밍NLP 전문가 과정을 참여하고 있었다. 휴일에는 시내에 있는 서점으로 달려가, NLP와 자기계발에 관한 독서 삼매경에 빠지곤 했다. 그때 성공과 변화, 특히 청소년들과 가족 프로그램에 관심이 많은 나에게 '하늘이 준 선물' 같은 책이 찾아왔다.

"긍정적인 말, 파워풀한 결과 Positive Words, Powerful Results"

저자는 전직 고등학교 선생님 출신인 할 어반.

나는 어느 일요일 한나절을 미국 작은 도시의 서점 바닥에 앉아 이 책을 읽으면서 보냈다. 이 책의 저자인 할 어반은 36년간 고등학교와 대학교에서 학생들을 가르친 교사이며 작가이다. 그는 교사로서 학생들을 가르치면서 경험한 이야기들 중에서 '긍정적인 말 한마디가 우리의 인생에 얼마나 큰 영향을 끼치는가'에 관한 소중한 지혜를 나눠주고 있다. 특히 저자가 가정과 학교, 그리고 사회를 두루 살피며 제시한 '말'의 중요성은 아무리 강조해도 지나치지 않을 정도로 나에게도 강하게 다가왔다. 이 책이 미국의 작은 서점에서 우연히 내 눈과 마음에 들어와 내 인생을 풍요롭게 한 것처럼, 이제 그 행운이 당신의 손에 들어와 있다. 내가 그랬던 것처럼 이 책이 당신의 인생에 따뜻한 온기를 불어넣었으면 한다.

이 책을 한 장 한 장 읽으면서 마음에 드는 지혜나 방법이 있다면 그 자리에서 바로 실천하는 우리가 되었으면 한다. 우리부터 먼저 가슴 따뜻한 말 한마디가 입가에 맴돌 수 있도록 노력했으면 한다. 우리의 노력은 곧 우리 자신은 물론 소중한 가족과 더 나아가 우리와 만나는 사람들의 삶까지 풍요롭게 할 것이다.

이제 새롭게 태어나 새로운 독자들에게 다가갈 소중한 친구를 맞이하는 인사말을 덧붙인다.

2006년, 네가 한글로 태어났을 때 나는 많은 선물을 받았다.

나는 어디를 가든지 너에 대해 이야기했다. 특히 전국의 교사와 학부모들에게는 꼭 네 이름을 알려주었다. 그러던 어느 날, 서점에서 너를 만날 수가 없었다. 아쉬웠다. 그래도 나는 소중한 사람들을 만날 때마다 너의 이름, '긍정적인 말의 힘'을 소개했다. 너 기억하니?

"엄마들이 가장 잘하는 것이 무엇일까요?" 내가 사람들에게 했던 질문들. 모두 네가 이야기해준 것이지. 내가 뜸을 들이면서 "우리 아이가 못하는 것을 발견하는 것입니다"라고 답할 때마다 교사와 학부모들은 박장대소하면서 깨닫고 반성하고 그리고 결단했지. 네 안에 있는 아름답고 가슴 따뜻한 이야기가 다시 아름답고 의미 있는 이름으로 다가오는구나. 다시 태어나는 너를 나는 두 팔 벌려 열렬히 환영한다. 너의 말 한마디로 많은 사람들을 안아주려무나. 그 임무를 잘 완수하길 응원할게. 다시 우리 곁으로 와줘서 고마워.

2019년 11월 NLP전략연구소에서

박정길

프롤로그

～～

나는 이 책을 두 가지의 목적을 가지고 썼다. 첫째로, 말이 가지고 있는 영향력에 대한 인식을 높이고 싶었다.

우리는 말의 바다에 살고 있다. 그러나 물속에 사는 물고기가 물속에 살고 있다는 것을 모르는 것처럼 우리가 말 속에서 살고 있다는 것을 깨닫지 못한다.

— 스튜어트 체이스 *Stuart Chase*

이는 말에 대한 광범위한 연구를 했던 스튜어트 체이스라는 학자의 명언이다. 이제 세계적으로 10억이 넘는 인구가 글을 읽을 수 있고, 새로운 의사소통 방식이 가능하며, 우리는 수천의 새로운 언어를 기존의 어휘 속에 포함시키며 살아간다. 이런 관점에서 본다면 과거 우리가 살았던 말의 바다는 현재 우리가 살고 있는 말의 바다에 비하면 현저히 작다. 그러나 한 가지 진실은 변하지 않는다. 50년 전에 그랬듯 현재도 '말이 가진 힘'은 정말 중요하다는 것. 우리는 여전히 그 사실을 깨닫지 못하고 있고, 오히려 더 많이 잊어버리며 살고 있다.

그 이유는 무엇일까? 아마도 우리가 말을 너무나 '당연한 것'으로 받아들이기 때문이 아닐까? 말은 언제부턴가 우리가 원할 때면 언제든 접근해서 사용할 수 있는 도구가 되었다. 언제든 사용할 수 있고, 또 너무 자주 사용하기 때문에 우리는 판에 박힌 말을 사용하는 데 익숙해져 있다. 그리고 우리가 하는 말이 미치는 영향에 대해선 전혀 생각해보지 않은 채, 먼저 내뱉어버리기도 한다. 그러나 우리가 가진 말이 얼마나 큰 힘을 갖고 있는지 알아야 한다. 다른 사람에게뿐 아니라, 우리 자신에게까지도.

많은 사랑을 받았던 시인 칼릴 지브란Kahlil Gibran은 오래전에 이런 말을 썼다. "여러분이 하는 많은 말들 속에서, 생각은 항상 절반쯤 살해당하고 있습니다." 나는 그가 한 말이 지금의 상황과 그리 다르지 않다고 생각한다. '말하기 전에 먼저 생각하라'는 것은 시대를 초월한 격언이 아니던가. 나는 이 책을 통해, 이 격언이 왜 중요하고 또 왜 배워야 하며, 왜 다른 사람이 그렇게 행동하도록 가르쳐야 하는지에 대한 몇 가지 현실적인 이유를 말하려고 한다.

지금은 그 어느 때보다도 이러한 노력이 필요할 때이다.

둘째로, 삶을 축복하고 항상 긍정적인 결과를 이끌어내는 말을 사용하도록 격려하기 위해 이 책을 썼다.

좋은 칭찬을 한 번 듣는 것만으로도 나는 두 달을 살 수 있다.

—마크 트웨인 *Mark Twain*

우리는 이런 말을 자주 듣는다. '언어는 문화의 지표다.' 이 말은 문자 그대로, 우리가 속한 문화와 우리 사회의 윤리와 다른 사람에 대한 우리의 사고를 그대로 보여준다. 지난 30년간 우리가 들어온 말들이 우리의 문명을 변색시키고 있다고 생각하는 사람이 어디 나쁜이겠는가.

1960년대 후반쯤, '진실은 솔직하게 드러나야 한다'는 의식이 팽배해졌는데, 이는 말에 대해서도 예외는 아니었다. 사람들은 그 어느 때보다 솔직하게 말했다. 그리고 오늘날 우리가 듣는 많은 말들은 솔직함을 넘어 무례하고, 화나게 하며, 악의를 담고 있다. 가는 곳 어디에서나 이런 말들을 쉽게 들을 수 있고, 또 어린 아이들부터 나이든 노인들까지 모든 연령대에서 들을 수 있다.

내가 우리의 문명이 '파괴되고' 있는 것이 아니라, '더럽혀지고' 있다고 말한 것을 명심하길 바란다. 우리에게 필요한 것은 약간의 부드럽고 사랑이 담긴 배려와 예의다. 그리고 이러한 예의는 말을 조금만 더 신중히 선택하면 지킬 수 있다.

나는 예전에 썼던 책에서 이런 말을 했다. "나는 여러분이 이 세상을 예의 바르고 미덕을 갖춘 아름다운 사회로 만드는 데 동참하기를 바랍니다." 그리고 나는 지금 생각한다. 이 운동을 위한 최고의 수단은 '말'이라고. 우리에게는 긍정적이고 삶에 용기를 불어넣는 수없이 좋은 말들이 있다. 이러한 말들은 항상 효과가 있고 무료이며 우리가 원할 때면 언제든지 쓸 수 있다. 나는 내 자신에게 되뇌는 것처럼 여러분에게도 용기를 북돋아주고 싶다, "당신도 이렇게 말할 수 있다!"라고. 이것은 재미있고, 또 긍정적이며, 보상을 해준다. 위대한 변화를 통해.

소수의 친절한 사람이 세상을 바꿀 수 있으리라고 누가 믿겠는가.
그러나 이는 사실이다.

— 마거릿 미드 *Margaret Mead*

어머니,

당신의 사랑과 격려의 말이

제 삶을 풍요롭게 하고 은총으로 충만하게 합니다.

목차

1부

우리는 말로써 처음 만난다

말은 문화 그 자체이다.

토마스 만Thomas Mann

죽고 사는 것이 혀의 권세에 달렸나니

잠언 Proverbs 18:21

인간은 말을 만들고,
말은 인간을 만든다

⌣ ∼

사회를 하나로 묶어주는 언어가 없다면,
인류란 존재할 수 없다.

스튜어트 체이스 *Stuart Chase*

인간이 처음 말문을 연 순간

인간이 가장 처음 한 말은 "와∼"가 아니었을까? 좋은 일이 생겼을 때 지르는 감탄사 말이다. 물론 나보다 좀 더 부정적인 사람이라면 "와∼"가 아니라 "쳇"이나 "흥"이라고 대답할지도 모르겠다. 사실 누가 처음으로 말을 했고, 그게 언제 어디였으며, 어떤 말이 있는지 정확히 아는 사람은 아무도 없다.

인류학은 인간의 기원을 밝히는 수많은 과학 자료를 제공해주었지만, 실제로 인류학자들도 인간이 언제부터 말을 하기 시작했는지는 정확하게 알려주지 못한다. 그렇다고 내가 이 책에서 '말이 어디서부터 시작되었는지' 그 역사적 기록이나 과학적인 사실들을 늘어놓겠다는 것은 아니다. 독자도 그걸 기대하는 것은 아닐 테니. 하지만 언어의 기원에 대해 살펴보는 건 이 책의 내용을 이해하는 데 도움이 될 것 같아 간략하게 몇 자 적어보기로 한다.

세상의 모든 동물들은 나름의 방법으로 의사소통을 한다. 그중에서 인간은 유일하게 '언어'로 의사소통을 하는 동물이다. 인간인 우리가 하는 행동은 집에서 기르는 개나 돼지가 하는 행동과 그리 다르지 않다. 먹고 마시고 자고 번식하려는 욕구에 불타오르고…. 하지만 인간에게는 동물과 달리 높은 수준으로 사고할 수 있는 능력이 있기 때문에 '언어'라고 불리는 정교한 의사소통 체계를 발달시킬 수 있었다. 그래서 수천 가지의 말이 생겨났다. 우리는 서로 관계를 맺고 그 사이에서 일어나는 많은 경험들에 의미를 부여하기 위해 이 특별한 의사소통 체계인 '언어'를 사용한다.

최초의 의사소통 방법, 보디랭귀지

거리에서 길을 묻는 미국인과 마주쳤다고 상상해보자(당신이 영어에 능통하지 않다는 가정하에). 뭔가 대답은 해주고 싶은데 입은 떨어지지 않는, 골치 아픈 상황에 닥쳤을 때 우리는 흔히 몇 가지 방법을 사용한다. 손짓, 발짓 등의 몸짓으로 방향을 가리키거나, 표정으로 난처함을 표현하려 하는 것. 이것이 바로 인간의 조상이 맨 처음 사용한 의사소통 방법인데, 우리는 이것을 '보디랭귀지'라고 부른다.

주변 사람들과 말이 통하지 않는 상태에서 생활해야 한다면 어떨까? 오래전 우리 조상들은 이런 상황에서 살았을 것이다. 물론 손짓, 발짓으로도 어느 정도는 의사 전달이 가능했겠지만 그것만으로 욕구와 느낌을 정확하게 표현하기는 힘들었을 것이다.

한 예를 들어보자. 난 몇 년 전 아내 캐시와 함께 핀란드의 로바니에미Rovaniemi로 여행을 갔다. 북극권 근처의 작은 마을인 그곳은 세상과는 동떨어져 있어 영어를 하는 사람이 그리 많지 않았다. 우리는 오후 늦게 도착해 몇 시간 동안 마을을 둘러본 후 저녁을 먹기 위해 호텔로 돌아왔다. 그런 다음 홀의 한 부분을 개조한 호텔 바에서 가볍게 한잔 마시던 중에 한 주민을 만나게 되었다.

그는 영어를 할 줄 몰랐지만, 자신의 마을을 찾아준 우리를 환영해주고 싶어 한다는 것은 분명히 알 수 있었다. 맥주까지 사면서 알아들을 수 없는 말로 환대의 감정을 표현했으니…. 그날은 아주 고단했고, 우리는 잔뜩 갈증이 나 있었으므로 그의 호의를 정중히 받아들였다.

그러나 곧 곤란한 상황이 발생했다. 그는 우리와 몹시 대화를 나누고 싶어 했지만, 우리는 그 지역 말로 겨우 '안녕하세요?', '안녕히 가세요', '미안합니다', '감사합니다' 정도밖엔 표현할 수 없었기 때문이다. 많은 얘기를 나누고 싶었지만, 대화는 아주 제한적일 수밖에 없었다. 그는 끈질기도록 같은 문장을 계속 반복해서 말했지만, 우리는 그가 무슨 말을 하려는지 전혀 알아들을 수 없었다. 그는 점점 더 천천히 그리고 점점 더 크게 이야기했지만 마찬가지였다. 난처하고, 다소 우습기까지 했지만 웃을 수조차 없었다. 그가 그토록 진지하게 이야기를 하려고 하는데, 웃음을 터뜨리는 무례한 행위를 어찌 할 수 있으랴.

상대방이 무슨 말을 하려는지 이해하지도 못하는 상황에서 우습기까지 할 때 웃지 못하는 것은 정말 두 배로 힘든 일이다. 이런 이유로 우린 지쳐가기 시작했다. 사태를 수습하기 위해 우린 맥주 마시기를 멈추고, 유일하게 말할 수 있는 다섯 개의 핀란드 문장을 이용해 "감사합니다. 안녕히 가세요"라고 말했다. 그리고 '맥주 정말 잘 마셨습니다, 이제 우린 저녁을 먹으러 가야겠군요'라는 것을 온갖 몸동작을 써서 그에게 전달했다. 그와 악수를 한 후 우리는 안도의 숨을 내쉬며 식당으로 달려갔다.

분명 지구의 첫 인류도 이런 스트레스를 줄이기 위해 언어를 발달시켰으리라.

두 번째 의사소통, 그림

엄청나게 흥분된 상태를, 단지 붉게 달아오른 얼굴을 손으로 가리키는 것만으로 표현해야 한다면 정말 답답하고 싫증나지 않을까? 좀 더 명확한 방법으로 '나 정말 흥분했어!'를 전달하고픈 욕망이 있을 테니 말이다. 그래서 선조들은 '바디랭귀지' 다음으로 '그림을 그리기' 시작했다. 예술적 재능이 있든 없든, 땅이나 동굴 벽에 그림을 그림으로써 좀 더 정확한 메시지를 보낼 수 있다는 걸 알게 된 것이다!

그 시절엔 내가 '그림'이라고 우기는 엉성한 막대 그림조차도 효력이 있었을 것이다. 고대 이집트인들은 특히 이런 진보적 형식의 의사소통에 능했다. 그래서 그들은 일찍이 B.C. 3100년에 '상형문자'라는 그림 체계를 만들어냈다. '상형문자'는 곧 '그림문자'를 뜻한다. 처음에 이 그림문자는 대상 자체를 상징했지만, 얼마 지나자 삶과 언어는 모두 신성하다.

—올리버 웬들 홈스 *Oliver Wendell Holmes*

개념적으로 쓰이게 되었다. 예를 들어, '태양'을 형상화한 그림문자는 '하루'를, '달'을 형상화한 그림문자는 '밤'을 의미하게 된 것이다.

그림문자라는 의사소통 체계는 분명 '언어'에 좀 더 가까이 접근하고 있다. 손짓이나 툴툴거리는 소리보다는 훨씬 더 서술적이긴 하지만, 그림을 그려 표현하는 데는 시간이 좀 더 오래 걸린다는 단점이 있었다. 따라서 선조들은 그림문자보다 좀 더 효율적인 무언가가 필요했다.

그래서 '말'이 생겨났다. 그렇다면 현재 가장 많은 사람이 사용하고 있는 알파벳을 만든 사람은 누구일까? 빙고! 바로 페니키아인Phoenicians이다. 그들은 그리스인과 함께 현대 알파벳의 뿌리를 제공해주었고, 이로써 언어가 발달하게 되었다. 많은 사람이 이를 인류 역사상 가장 위대한 성취 중 하나로 여긴다.

그렇다면 말이란 무엇인가?

나는 수년 동안 샌프란시스코 대학에서 학생들을 가르치고, 동시에 고등학생들에게도 개인 성장과 발달심리학에 관한 강의를 해오고 있다. 나는 항상 강의 첫 시간에 다음과 같은 질문을 던진다.

"말이란 무엇일까?"

그러면 항상 두 가지 반응을 얻게 되는데, 바로 '곤혹스런 표정'과 "무슨 뜻이죠?"라는 질문이다. 난 학생들이 내 강의를 통해 '말의 진정한 의미와 중요성'에 대해 좀 더 깊이 생각해보기를 바랐다. 그래서 학생들에게 혹시 '말'이라는 단어를 사전에서 찾아본 적이 있는지 물었다. 물론 그 질문에는 아무도 대답하지 않았다. 그래서 난 "여러분은 '말'의 정의가 무엇이라고 생각하는가?"라고 물었고, 아이들은 더욱 당황하는 표정을 지었다.

잠시 후 몇몇 학생의 서투른 답변이 이어졌다. 어떤 학생은 나름대로 훌륭한 정의를 제안하기도 했다. 그러는 동안 학생들은 그 문제에 대해 호기심을 가지게 되었고, "말이란 대체 뭐죠?" 혹은 "선생님은 말의 정의가 뭐라고 생각하세요?" 등의 질문을 던지기 시작했다. 나는 기뻤다. 내 의도대로 아이들은 이제 말에 대해 '생각'하게 되었으니까.

사전에는 '말'에 대한 여러 가지 정의가 나와 있는데, 나는 학생들에게 그중 두 가지를 읽어주었다. 하나는 '사람의 생각이나 감정을 나타낸 음성.' 그리고 나머지는 '그것을 문자로 나타낸 것, 언어.' 그런 다음 학생들에게 반 친구들이 동의하고 쉽게 이해할 수 있는 자신만의 정의를 내려보라고 했다. 그리고 우리가 왜 말을 사용하는지, 또 실제로 '말'과 가장 가까운 동의어가 무엇인지를 찾아보라고 했다. 학생들이 제안한 것 중 가장 좋은 두 가지 동의어는 '상징'과 '기호'였다. 나는 학생들에게 다음 질문을 던졌다.

"그렇다면 그림은 어떨까?"

말과 그림의 상관관계

우리는 상대방에게 내 의사를 전달하기 위해 '말'을 사용하지만, 사실 그 모든 말들을 그림으로 떠올리고 있다는 사실을 알까? 만약 '탑'이라는 말을 들으면, 머릿속으로 먼저 탑 모양을 떠올리는 것처럼 말이다. 물론 '에펠'이라는 말을 들으면 더 정확한 그림을 떠올릴 것이다. 사진으로든 실제로든 에펠탑을 전혀 본 적인 없는 경우가 아니라면 말이다.

우리는 상대방과 이야기를 할 때 항상 이렇게 그림을 교환한다. 어휘의 양이 많아질수록 언어는 점점 더 정교해져 가는데, 이는 마치 화가의 팔레트에 색을 더하는 것과 같다. 우리는 더욱 다양해진 색깔로 더 생생한 그림을 그릴 수 있는 것이다. 그러나 사람들은 이 사실을 잘 깨닫지 못한다. 그래서 난 우리가 말을 할 때 그림으로 얼마나 더 생생하게 생각할 수 있는지를 보여주기 위해 학생들과 한 가지 실험을 했다.

"자, 내가 지금 단어 하나를 말해줄 테니까, 절대 그 단어에 대한 그림을 떠올려선 안 돼. 힘들더라도 절대!"

학생들은 벌써 내가 무엇을 시작하려는지 궁금해서 똘망똘망한 눈으로 바라본다.

"자, 이건 게임이야. 절대 그림으로 떠올리지 않을 자신 있지?"

"물론이죠!"

아이들은 입을 모아 대답했다.

"좋아. 자, 준비! 하나! 둘! 셋! 단어는…? 트럭이야!" 교실에 웃음이 터져 나왔다. 그들은 하지 않으려고 애를 써도, 단어를 들으면 그림을 떠올리게 된다는 것을 알게 된 것이다. 난 그들에게 자신이 떠올린 트럭을 묘사해보라고 했다. 그러자 소방차, 덮개 없는 소형 트럭, 아주 큰 트럭, 화물 트럭 등 많은 종류의 생생한 묘사가 이어졌다. 학생들은 심지어 트럭의 색깔까지 묘사했는데, 이 모든 것은 그림을 떠올리지 않으려고 했을 때 더 세부적으로 묘사됐다. 이처럼 우리가 깨닫고 있든 그렇지 않든, 상대방과 이야기를 할 때마다 우리는 그림을 떠올린다. 오히려 신체 동작보다 더 분명하고, 상형문자보다 더 빠르게 말이다.

훌륭한 교사와 훌륭한 화자에게는 어떤 공통점이 있을까? 바로 아주 생생하게 '언어로 그림을 그린다'는 것이다. 아이들에게 또 청중에게 전하고 싶은 이야기를 하면서, 자연스럽게 그들의 머릿속에 그림이 그려지게 만드는 것.

고등학교에서 강의를 처음 시작했을 때, 난 어느 학생에게서 교사로서의 첫 번째 가르침을 얻었다.

"선생님이 훌륭한 만담가라면, 선생님께서는 훌륭한 교사가 될 수 있을 거예요. 우린 강의를 통해서가 아니라, 이야기를 통해 훨씬 더 많은 걸 얻을 수 있으니까요."

그렇다. 이는 내가 받았던 가장 전문적인 충고였다. '하나의 그림이 수천 마디 말과 같은 가치가 있다'란 말이 있다. 마찬가지로 훌륭한 이야기는 수천 개의 그림을 그릴 수 있다.

말은 우리의 삶까지도 바꾼다

말의 역사를 이해하려면, 말이 해를 거듭하면서 어떻게 발달했고, 역사 속에서 얼마나 중요한 존재였는지, 또 우리의 문화 속에 얼마나 생생히 살아 있는지를 생각해봐야 한다. 우리는 세상에 살고 있는 사람들과 관계를 맺기 위해 매일매일 말을 사용한다. 인사하고, 알려주고, 묻고, 대답하고, 가르치고, 격려하고, 위로하고, 칭찬하고, 축하하고, 감사하고, 기원하고, 웃으며 또 무수한 다른 긍정적인 방식들과 관계를 맺기 위해 말을 사용하기도 한다.

물론 반대로 부정적이고 상처를 주기 위해 말을 사용하기도 한다. 물론 이 책의 초점은 '긍정적인 말'에 맞춰져 있지만, 부정적인 말에 대해서도 조금은 지면을 할애했다. 왜냐고? 말이 입힐 수 있는 상처에 대해 알아야 하고, 따라서 말을 조절해야 한다는 사실을 상기시킬 필요가 있기 때문이다. 친절한 말은 작은 대가를 치르지만 많은 것을 가져다준다. 그런 말들이 우리의 삶을 바꾸어 간다.

지금 당신이 기억해야할 한마디

노래하고

상처를 주고

가르치고

신성하게 하고

인간의 처음이자, 영원한 마술의 위업이며

무지와 원시적인 과거로부터 우리를

자유케 하는.

–

레오 로스텐Leo Rosten, 〈말〉 중에서

한마디의 말이
변화시키는 것들

~~~

말은 감정을 만들어낼 뿐 아니라 행동을 만들어내기도 한다.
그리고 그 행동으로부터 삶의 결과가 나온다.

앤서니 로빈스 *Anthony Robbins*

말은 역사를 만들어왔다. 말로 인해 사상이 생겨났고, 전쟁이 시작됐으며, 사람들은 부자가 되기도 했고, 유명해지기도 했다. 그리고 말은 때로 상처를 입히고 충격을 준다. 그리고 또 상처를 치유하고 영혼을 움직인다. 때론 무언가를 사게 만들 수도 있고, 그냥 지나치게 만들 수도 있다. 이처럼 말로 인해 삶은 더 좋아질 수도, 더 나빠질 수도 있다. 솔로몬 왕은 '죽음과 삶은 혀의 힘 안에 있다'고 했으며, 우리가 잘 아는 '펜이 칼보다 더 강하다'는 말도 있다. 말은 강력한 힘을 발휘할 뿐 아니라, 영원히 지워지지 않는 충격을 남길 수도 있다.

자, 다음 말들을 보자. 어떤 느낌이 드는가?

우리가 대화하고픈 단어

부정적인 단어

파괴 | 폭동 | 경련 | 마약 | 죽이다 | 비판 | 속이다 | 경멸하다 | 상처를 주다 | 스트레스 | 고통스럽다 | 경고 | 유치장 | 고뇌 | 부랑자 | 비난하다 | 폭발하다 | 죽음 | 거짓말 | 깨뜨리다 |

긍정적인 단어

용기 | 동의 | 행복함 | 믿음 | 신뢰 | 승리 | 고요 | 키스 | 보상 | 훌륭하다 | 포옹 | 개선하다 | 아이 | 자라다 | 미소 | 이익 | 청찬 | 웃다 | 축하하다 | 멋지다

자, 부정적인 단어의 목록에서 다섯 개의 단어를 고르고, 마음속에 그에 맞는 그림을 한번 떠올려보자. 기분이 어떨까? 유쾌할까? 아마도 그렇지 않을 것이다. 또 그 다섯 개의 단어로 문장을 만들어보자. 그 문장은 긍정적인 것들일까? 아마 그렇지 않을 것

이다. 그러나 긍정적인 단어의 목록에서 다섯 개의 단어를 고르고, 그것으로 그림을 떠올리고 문장을 만든다면 아마 결과는 아주 유쾌하고 긍정적인 것이 될 것이다.

이것은 수년 동안 내가 대학에서 학생들과 함께한 작은 실험이다. 나는 학생들에게 먼저 부정적인 단어가 있는 목록을 주면서 몇 분 동안 그것을 보고 있으라고 했다. 그러고는 "자, 이제 '긴장'이란 단어에 주목해보자"라고 했다. 그러자 그 전까지 방 안에 있던 수많은 긍정적인 에너지와 좋은 기분이 사라지고, 그때부터 긴장감이 감돌기 시작했다. 이 한 장의 목록이 모든 학생들을 검은 장막으로 내던지는 것만 같았다. 게다가 난 학생들에게 이중 다섯 개의 단어를 선택해 머릿속으로 그림을 그리고, 문장으로 만들어보라고 했다. 상황은 더욱 나빠졌다.

한 나이 든 학생이 "이건 너무 지겨운데요?"라고 말했다. 다른 수강생들도 "왜 우리가 이걸 하고 있어야 하죠?" 하며, "우리가 긍정적으로 되길 바라지 않나요?"라고 한마디씩 덧붙였다. 난 "물론, 하지만 이 말들이 주는 정서적인 충격에 대해 먼저 가르쳐주고 싶기 때문이야"라고 말해주었다. 그러자 또 다른 수강생이 말했다. "그렇다면 성공했군요. 지금 우린 상태가 아주 꽝이거든요." 그리고 나를 잘 아는 한 수강생이 말했다. "이제 긍정적인 단어의 목록도 보여주시겠죠?"

난 점잖은 척 웃으며 긍정적인 목록을 나눠주었다. 그러자 방안의 공기가 바뀌었다. 모두들 활기 넘치는 모습으로 대화를 나누기 시작했고, 웃음이 피어나며 긍정적인 에너지가 돌아왔다. 사실 그 실험을 시작하기 전보다 훨씬 더 활기차진 것 같았다. 학생들은 모두 적극적으로 단어를 선택하고, 그림을 떠올리고, 문장을 만들었다. 좀 더 뛰어난 통찰력을 가진 한 학생이 말했다.

"말은 생각했던 것보다 훨씬 강한 것 같아요. 단지 종이 위에 쓰여 있을 뿐인데 말이에요."

이처럼 단지 몇 개의 단어가 쓰인 한 장의 종이가, 몇 분 안에 30명이 넘는 사람의 마음을 가라앉게도, 생기를 불어넣을 수도 있다. 그렇다면 그 몇 마디의 말이 타인과 자기 자신에게는 얼마나 큰 영향을 미칠 수 있을까?

당신은 몰랐던 단 한마디의 영향력

말이 삶에 얼마나 큰 영향을 미치는가에 대한 연구는 너무 방대하다. 난 그중에서도 실제로 말이 정말 강력한 효과를 가질 수 있다는 주장을 뒷받침하는, 흥미로운 두 개의 연구 결과를 살펴보려고 한다.

첫 번째 이야기를 하기 전에 한 가지 질문을 해보자. 말의 효과에 대해 언어학자보다 더 많이 연구하고, 더 중요하게 생각하는 사회 분야는 무엇일까? 그렇다. 바로 광고 산업이다. 왜 그럴까? 몇 마디의 말이 고객에게 마치 마술처럼 작용하기 때문이다. 앞에서 말했듯 말은 우리에게 어떤 물건을 사게 만들 수 있다. 자, 한번 생각해보라. 동네 슈퍼마켓 통로를 걸어 다니면서 머릿속으로 불쑥 들어오는 말들을 말이다. 그것은 모두 여기 몇 개의 단어들을 보자.

고객의 발걸음을 멈추게 하는 단어들

당신 | 증명된 | 사랑 | 쉬운 | 새로운 | 건강 | 돈 | 보증 | 절약하다 | 결과 | 안전한 | 발견하다

한 유명 대학 경영학부의 연구에 따르면, 이 말들이 미래의 고객들에게 가장 큰 영향력을 줄 수 있는 열두 가지의 말이라고 한다. 어떤 회사는 자사의 마케팅 슬로건에 이들 중 열한 개의 단어를 사용하기도 했다.

"우리 기업은 사용하기 쉽고, 당신의 건강과 안전을 보증하는 새로운 아이템을 발견했습니다. 이 증명된 결과물로 당신의 돈을 절약하고 싶지 않으십니까?"

광고인으로 잘 알려진 데이비드 오길비David Ogilvy는 그의 책《어느 광고인의 고백Confessions of an Advertising Man》에서 고객들에게 긍정적인 영향을 주는 것으로 검증된 몇 가지 단어를 보여준다.

고객의 지갑을 열게 하는 단어들

기적 | 증명된 | 마술 | 값싼 | 빠른 | 서두르다 | 혁명적인 | 놀라운 | 제공하다 | 필요한 | 지금 | 선풍적인

중요한 것은 이 말들이 전략적으로 쓰였을 때, 목표로 하는 사람들에게 결정적인 효과를 줄 수 있다는 점이다. 말을 잘 선택해서 사람들이 물건을 사게 만들 수 있다면, 또 다른 말들은 또 다른 방법으로 다른 곳에 영향을 미칠 수 있지 않을까. 물론 어떤 단어가 어떤 상황에 결정적인 영향을 줄 수 있는지 잘 알아차리고, 많은 주의를 기울여 잘 사용하는 것이 열쇠가 될 것이다.

두 번째 연구 결과는 '말이 건강에도 영향을 미친다'는 사실이다. 이 연구는 국립노화연구소에서 이루어졌는데, 60세가 넘는 노인들에게 각각 상반되는 의미의 말을 건넸을 때 나타나는 반응에 대해 살펴보았다. 먼저 "할아버지 노망났어?" 혹은 "에구, 인제 다 늙어빠졌네" 등의 단어를 사용해 기억력이 떨어지고 늙은 것에 대해 농담을 하고, 통증이나 고통에 대해 규칙적으로 말해주자, 신

체적으로나 심리적으로 매우 불쾌한 반응을 보였다. 혈압이 오르고, 피부가 붉으락푸르락하며 신경질적인 반응이 자주 나타났다.

반면 "당신은 정말 사려가 깊군요" 혹은 "정말 현명하세요!" 등의 단어를 사용하자 결과는 사뭇 다르게 나타났다. 또 놀리는 말을 할 때에도 '느린', '늙은', '상실한', '시든', '구닥다리' 등의 부정적인 단어를 사용하지 않도록 했다.

이 연구는 우리에게 한 가지 사실을 알려준다. 우리는 노인들의 삶에 좀 더 긍정적인 영향을 줄 수 있는 말을 사용해야 한다는 것이다. 왜 이 나이의 사람들을 '교양 있는', '활동적인', '친절한', '즐거움을 사랑하는', '분별력이 있는', '가치 있는', '경험이 많은' 등의 말로 묘사해주지 않는 걸까? 사실 말의 영향에 대해 말하는 것은 '어떤 연령대를 대상으로 한 실험인가'와는 관계가 없다. 진실은 우리가 젊든 늙었든, 말은 우리를 해체시킬 수도 있고 일으켜 세울 수도 있다는 것이니까.

말 한마디가
한 사람의 인생을 바꾼다면

비행기를 타면 다양한 사람들을 만난다. 나는 그들에게 자주 이런 질문을 한다. "당신의 삶을 바꾼 말이 있나요?" 아마 내가 들은 흥미진진한 이야기를 다 늘어놓는다면, 이 책 한 권을 다 채우고도 남을 것이다. 많은 사람이 낯선 사람에게 자신의 이야기를 술술 털어놓았다는 건 정말 놀라운 일이다. 특히 책을 쓰기 위해 정보를 수집한다는 사실을 알았다면 더욱 그럴 것이다.

흥미롭게도 내가 들은 이야기들 중 대부분이 긍정적인 변화를 가져다준 긍정적인 말에 관한 것들이었다. 나는 부모나 조부모, 선생님, 친구, 상사, 목사 등이 들려준 사랑스럽고 가슴 따뜻해지는 이야기들을 들었다. 대부분 이렇게 영감을 주는 말을 들려준 사람들은, 그들이 얼마나 강력하고 오래도록 기억에 남는 말을 했는지 알지 못했다. 짧은 말이 삶을 얼마나 변화시키는지 알려주기 위해 두 가지 이야기를 들려주겠다. 첫 번째 이야기는 신문에서 읽은 것이고, 두 번째 이야기는 내가 직접 겪은 것이다.

삶을 변화시킨 네 단어의 말

몇 년 전, 나는 시카고의 오헤어 공항에서 일간지 〈시카고 트리뷴〉을 집어 들었다. 이미 필자로 잘 알려진 그린Greene이 쓴 신문 칼럼이 내 눈을 사로잡아버렸기 때문이다. 제목은 '삶을 변화시킨 말은 파괴하거나 치유하는 힘을 갖는다.
진실하고 친절한 말은 세상을
변화시킬 수 있다.

―붓다*Buddha*

네 단어의 말'이었다. 기사는 그가 얼마 전 공공장소에서 목격했던 장면으로 시작하고 있었다.

잔뜩 화가 난 한 어머니가 어린 아들에게 큰 목소리로 물었다.

"넌 이렇게 바보 같아서 뭐 하나라도 제대로 하겠니?"

그는 이 사건을 관찰하면서 말의 효과뿐 아니라, 그 말이 얼마나 기억에 오래 남을지에 대해서도 생각하게 되었다고 하면서 이렇게 기록했다.

"그 말을 듣는 순간은 아마도 긴 시간이 아니었을 것이다. 그렇지만 때로는 짧은 시간이 가장 오랫동안 기억에 남을 수도 있다. 몇 마디의 말은, 비록 그 말을 하는 사람이 당시에는 별 의미 없이 던진 것일지라도 굉장한 힘을 가질 수 있다. '넌 이렇게 바보 같아서 제대로 하는 일이 있겠니…. 이렇게 바보 같아서 제대로 하는 일이 있겠니…'처럼 오랜 메아리가 될 수 있다."

그린의 설명은 이 책의 핵심을 잘 설명해준다. 첫째로, '말이 미칠 영향'에 대해 좀 더 잘 인식해야 한다는 것. 즉 조심성 없이 뱉는 말이나, 감정적인 상태에서 던지는 말이 누군가에겐 오랫동안 영향을 미칠 수 있다는 점을 이해해야 한다.

두 번째로, 그린은 긍정적인 말 역시 큰 영향을 줄 수 있고, 그 영향은 평생 지속될 수 있다고 지적한다. 그는 이런 지적과 함께, 자신감 없고 수줍음 많던 자신의 어린 시절 이야기를 들려주었다.

"그것은 아주 일상적인 일이었고, 선생님조차 자신이 써준 단어를 기억하지 못했지만, 내가 돌려받은 숙제 노트에 적힌 네 단어는 나의 삶을 바꿔놓기에 충분했다. 그건 바로 '아주 잘 쓴 글임 This is good writing'이란 말이었다. 난 평소 글쓰기를 좋아했고, 가끔 짧은 이야기를 지으며 작가를 꿈꾸기도 했지만, 사실 그때까지는 그저 자신감이 부족한 젊은이에 불과했다. 그러나 선생님이 써준 짧은 네 단어의 글이, 나의 작가적 자질에 대해 다르게 생각해보도록 했고, 그 일을 계기로 난 작가로서의 삶을 시작하게 되었다. 난 아직도, 그 노트 여백에 쓰인 네 단어의 말이 없었다면 지금의 내가 없었으리라 굳게 믿고 있다."

그린은 기사에서 다음의 말로 끝을 맺었다.

"아주 짧은 말, 그 말들이 모든 것을 변화시킨다."

위기에서 날 구해준
아내의 세 마디 말

난 이 책을 내기 전에 《인생의 목적Life's Greatest Lessons》이란 책을 낸 적이 있다. 그러나 이 책은 세상에 나온 지 얼마 되지 않아 사라질 뻔했다. "이제 이 책은 그만 찍어야겠군요"란 말을 들었을 때

난 너무나 충격적이었고, 그 실망감이란 정말 대단했다. 책의 초판은 모두 팔렸고, 독자들로부터 굉장한 반응을 얻고 있었기 때문에 나는 무척 흥분한 상태에서 '재판에는 얼마나 많은 책을 찍을까'만을 기대하고 있던 차였는데, 이런 나쁜 소식이 날아들다니. 그 때의 이 말은 내가 살면서 느낀 가장 큰 낙심이었다.

몇 시간 동안 자기 연민에 빠져 있던 나는, 내가 할 수 있는 일을 찾아 그 일부터 하고자 결심했다. 독자들의 반응은 뜨거웠고, 더 많은 책을 사겠다는 요청에 힘입어 한껏 고무되어 있던 나는 책이 절판되는 것을 원하지 않았다. 하지만 내가 어떻게 더 책을 구할 수 있을지에 대해서는 아무런 실마리도 가지고 있지 않았다.

'아… 절판.' 난 출판사에 전화를 걸어 어떻게 하면 책을 좀 더 구할 수 있을지를 물었다. 회사는 책을 더 찍어줄 수는 있지만, 최소한 내가 2천 권을 사가야 하고, 서적에 대한 비용을 지불해야 한다고 했다. 그때 나의 생각은 '이제 끝이다'였다.

이는 간단한 경제학 문제였다. 나는 생활을 이끌어가기 위해 부업을 해야 하는 고등학교 선생이었다. 게다가 세 명의 아들은 이제 갓 대학을 졸업한 상황이었으며, 우리 가족의 생활비는 심각하게 바닥나고 있었다. 내가 2천 권의 책을 사면 그나마 부족한 생활비조차 바로 증발될 정도의 상황이었다. 또한 나는 사업과는 거리가 먼 사람이었다. 내가 그 책들을 사서 팔지 못한다면? 저축은

커녕, 차고에는 쓸모없는 재고품만 가득 차게 될 뿐이었다….

그날 저녁, 나는 아내 캐시에게 이 슬픈 소식을 알렸다.

"책은 절판됐고, 우리가 2천 권을 사지 않는다면 더 이상 책은 세상에 나오지 못한대…."

우리의 뻔한 재정 상태를 알기 때문에, 난 당연히 그녀가 "방법이 없군요" 같은 말을 하리라 생각했다. 그러나 그렇지 않았다. 그녀는 모든 상황을 변화시킨 세 단어의 말을 했다. "당신은 책을 팔거예요!"

그때 캐시가 건넨 세 마디의 말이 얼마나 강력한 것인지를 설명하는 건 불가능하다. 아주 차분하게 건넨 말이었지만, 그녀의 말은 내 생각을 완전히 바꿔버렸다. 그 말은 나에게 영감을 주었고, 우린 그 문제에 대해 긴 대화를 나눈 후 그 책을 사기로 결정했다.

물론, 나는 2천 권을 팔았고, 또 다시 2천 권을 샀으며 그 역시도 모두 팔았다. 그 후 나는 자가 출판을 하게 되었고, 해당 도서의 판권이 유명한 대형 출판사에 팔릴 때까지 총 8천 권이 넘는 책을 팔았다. 판권 거래를 할 때 상대 출판업자는 이 책을 두고 '기적을 일으킨 작은 책'이라고 불렀다. 정말 꿈만 같은 멋진 이야기가 아닌가. 물론 캐시의 세 마디 말이 없었다면 이 이야기는 아주 비참하고 괴로운 이야기가 되었을 것이다.

"아주 짧은 말, 그 말이 모든 것을 변화시킬 수 있다."

감사의 말은 장애를 제거하고,

즐거운 말은 하루를 밝게 하고,

때에 맞는 말은 고통을 줄여주고,

사랑의 말은 상처를 치유하고 축복을 준다.

–

작자 미상, 〈말의 힘〉 중에서

더 이상 듣고 싶지 않은
서른 가지 말

〜〜

'불조심해라'는 우리가 알고 있는 좋은 충고이다.
'말조심해라'는 그보다 열 배는 더 좋은 충고이다.

윌리엄 칼턴 *William Carleton*

말이 주는 상처에서 멀리 달아나기 위해

이 책을 준비하면서, 나는 '책 전체를 낙관적이고 긍정적인 것으로 채우면 어떨까' 하고 생각했다. 그러나 책의 개요를 잡아갈수록 이 장은 더욱 피할 수 없을 뿐 아니라, 오히려 전적으로 필요하다는 것을 깨달았다. 이 책의 목적이 긍정적인 말이 주는 효과를 더 잘 깨닫게 하는 것이라면, 말이 상처를 주고 공격적으로 작용하는 여러 방식을 잘 살펴보는 것도 정말 중요하지 않을까. 이렇게 생각의 폭을 넓힘으로써 우리는 우리 자신뿐 아니라 다른 사람에게 상처를 입히는 일로부터 멀리 달아날 수 있을 것이다.

말을 지혜롭게 사용하고, 다른 사람의 삶에 긍정적인 영향을 주는 사람이 되려면, 분명 반대되는 효과를 가져다주는 말을 피하는 방법을 먼저 배워야 하리라. 이 장은 사실 우리가 피하고자 하는 그런 부정적인 말의 효과에 대해 배우는 짧은 코스라고 생각하면 될 것이다.

자유로운 연설은
공격적인 발언과는 다르다

'언어가 공격적으로 사용될 수 있다'는 것을 말하기 전에, 이전까지 흔히 들었던 말을 써보려고 한다.

"여긴 자유국가예요. 내가 원하는 건 무엇이든 말할 수 있죠. 자유로운 연설에 대해 들어본 적 없나요?"

물론, 들어본 적 있다. '표현의 자유'는 민주주의 사회의 가장 근간이 되는 원리이며, 하나의 위대한 국가를 이룬 중요한 이유가 될 수 있으니까. 하지만 난 자유로운 연설을 강하게 지지하고 검열제도를 강하게 반대하는 것과 마찬가지로, 다른 사람의 감정을 '배려'하는 것과 '공공 예절'을 지키는 일을 절대적으로 지지한다.

우리의 입에서 비롯되는
최악의 말들

어떤 말들이 당신을 힘 빠지게 만드는가? 또 다른 사람과 얘기할 때 듣고 싶지 않은 말들은? 나는 지난 몇 년 동안 모든 연령층에게 수백 번 넘게 이 두 가지 질문을 해왔다. 교실에서, 워크숍에서, 비행기 안에서, 그리고 일상적인 대화에서. 내가 사람들에게 '말의 힘'에 대한 책을 쓰기 위해 연구 중이라고 말하자, 모두들 기꺼이 도움을 주었다. 물론 듣기 싫어하고, 상처를 주고, 공격하고, 쇠약하게 만드는 말에 대한 부분을 연구 중이라는 사실도 알렸다.

그들의 반응은 특별히 놀라운 것들은 아니었지만, 두 가지는 분명히 깨달을 수 있었다. 첫째로, 말로 분위기를 나쁘게 만드는 방법이 정말 많다는 것. 둘째로, 리스트 안에 있는 방법을 사용하는 것에 내가 종종 가책을 느낀다는 것. 자, 여기 사람들이 듣고 싶지 않다고 한 말들을 정리해보았다. 나는 이것들을 '더 이상 듣고 싶지 않은 서른 가지 말들'이라고 부른다.

더 이상 듣고 싶지 않은 서른 가지 말들

자랑 | 욕 | 험담 | 분노 | 거짓말 | 잔인한 말 | 타인에 대한 비판 | 자기
연민 | 낙담하게 만드는 말 | 굴욕적인 말 | 타인의 단점을 들먹이는 말 |
불평불만 | 무례하고 남을 배려하지 않는 말 | 귀찮게 들볶는 말 | 교묘
한 속임수 | 허위, 불성실한 것으로 다른 사람에게 감동을 주려는 말 | 민
족차별과 인종차별 | 성차별 | 나이와 관련한 비방 | 부정적인 지적 | 협
박 | 논쟁 | 끼어들기 | 남의 이야기를 다듬어 올려놓는 말 | 아는 체 | 거
짓 아첨 | 고함 | 위압적인 말 | 과장 | 고발

　이 중에서 가장 자주 듣게 되는 일명 '가장 악명 높은 네 가지
말'을 추려보면 다음과 같다. "욕, 불평불만, 잔인한 말, 무례하고
남을 배려하지 않는 말." 사람들은 이 네 가지가 우리 문화를 가장
흐려놓는다고 말했다. 처음 세 가지는 여기서 간단히 알아보고,
네 번째는 뒤에서 다뤄보겠다.

속된 말은 결국
나에게 다시 돌아온다

몇 년 전 나는 우편함에서 주간지 〈타임Time〉을 꺼내다 머리기사를 보고 약간의 충격을 받은 적이 있다. 잡지의 표지에는 커다란 입속에서 총, 칼, 폭탄, 화염 등 여러 가지 죽음의 상징들이 나오는 그림이 담겨 있었다. 그리고 표지 맨 위에는 크고 대담한 글씨로 '추악한 말들'이라고 쓰여 있고, 그 밑에는 '미국의 속된 대중문화'라는 작은 표제가 달려 있었다. 내용을 보니 이야기는 '19세 미만 관람 불가'로 되어 있고, 이런 말로 시작하고 있었다.

"외설이 난무하는 세상이다. 록과 랩에서, 영화와 텔레비전에서, 코미디 클럽과 실생활에서도. 많은 사람들이, 특히 어린아이들이 이런 것들을 좋아한다. 그러나 또 다른 많은 이들이 그런 것들을 싫어하거나 아예 접하려 하지 않는다."

물론 이런 현실은 우리가 이미 알고 있는 이야기이다. 욕을 비롯한 속된 말들을 이용한 상품들은 오락 산업의 큰 부분이 되었고, 그 결과 속된 말들은 이제 일상 언어의 한 부분이 되어가고 있다. 얼마나 많은 변화가 일어났는지 아직도 인식하지 못하고 있는 당신을 위해, 내가 수년 동안 고등학교 교실에서 겪었던 이야기를 하려고 한다.

내가 강의를 한 지 20년이 될 때까지 '욕'이란 결코 문젯거리가 아니었다. 만약 어떤 학생이 일탈 행동을 하고, 음담패설을 내뱉는다면 난 그 학생에게 "넌 부모님 앞에서도 그런 말을 하니?"라고 물었다. 대답은 항상 "아니요"였다. 그러면 난, "캘리포니아 교육 법령에 보면 '교사는 곧 부모'라고 나와 있으니까, 내 앞에서도 역시 그런 말을 사용해선 안 돼" 하고 짧은 충고를 해주었다. 그러면 학생들은 결코 같은 문제를 일으키지 않았다.

그러나 1980년대 무렵, 세상은 변하기 시작했다. 난 빗나간 행동을 하고, 음담패설을 내뱉는 학생들에게(남녀 할 것 없이) 예전과 똑같이 질문했다. "넌 부모님 앞에서도 그런 말을 하니?"라고. 대답은 "네"였다. 그리고 그들은 종종 이렇게 덧붙이곤 했다. "그리고 부모님도 내 앞에서 역시 그렇게 말하는 걸요."

난 깨달았다, 내가 그동안 학생들을 믿고 해왔던 오래된 질문을 버리고 새로운 질문을 가져야 한다는 것을. 그 새로운 질문은 바로 "네가 속된 말은 하지 않는 곳이 있니?"였다. 다행히 이 새로운 질문에 학생들은 항상 "네!"라고 대답했다. 그들에게도 그런 장소가 몇몇 곳은 있었을 테니까. 그러면 난 덧붙여 말했다. "그럼 이제 그런 장소가 하나 더 생겼구나. 바로 내 교실이야."

아버지이며 동시에 교사인 나로서는 항상 언어 문제에 대해 현실적으로 생각하기 위해 노력했다. 난 당시 10대를 지나고 있는 나의 세 아들과 항상 함께하면서, 이 새로운 사회문제를 잘 해결해 나가도록 도와주고 싶었다. 그렇다고 내가 점잔을 빼는 사람이나 성인군자는 아니기 때문에, 굳이 '나쁜 말의 죄악'에 대해 줄줄이 설교를 늘어놓아서 아이들에게 뭔가를 가르치려 들겠다는 건 아니었다. 하지만 단정하고, 예의 바르고, 공손한 것에 대해 가르치는 것은 결코 게을리할 수 없는 일이었다. 이는 학생들에게도 마찬가지였다. 그래서 난 '말'의 영향에 대한 훌륭한 토론을 유도하는 몇 가지 질문을 만들었다.

· 만약 내가 끊임없이 속된 말을 사용한다면, 너희는 나에 대해 지금과 다르게 생각할까?
· 그것이 도덕과 규범을 무너뜨리고, 교실의 분위기에 해를 입힐까?
· 교육을 받고 문명화된 사람은 이런 방식으로 말을 할까?
· 누군가를 이끌고 가르쳐야 할 중요한 위치에 있는 사람들이 이런 종류의 말을 할까?
· 우리 사회에서 속된 말을 듣고 싶지 않았으면 하는 장소가 있는가?
· 공공장소에서 속된 말을 하는 사람은 예의 바른가, 혹은 무례한가?
· 그런 말을 들었을 때 어떤 사람들의 감정이 상할까?
· 만약 당신이 계속 속된 말을 한다면, 그건 곧 자신에 대해 무엇을 드러내는 것이 될까?

질문이 끝나면 학생들은 항상 깨닫는다. 학생들이 '말'에 대해 이해하도록 정말로 도움을 준 것은 마지막 질문에 대한 스스로의 대답이었다. 학생들은 항상 속된 말을 쓰는 사람들에 대해 이렇게 말했다.

· 그들은 화를 내고 교양이 없어요.
· 그들은 무례하고 사려 깊지 못해요.
· 그들이 사용하는 어휘는 한정되어 있어요.
· 그들은 창조적이거나 상상력이 풍부하지 못해요.
· 그들은 우둔해요.

속된 말을 많이 하는 학생들조차도 이 질문들을 통해 무엇을 깨닫게 하려는지 알 것 같다고 했다. 그러고는 "난 내가 속된 말을 너무 많이 한다는 걸 알아요. 그건 아주 나쁜 버릇이죠"라고 말했다. 더 중요한 사실은, 많은 학생들이 나중에 자신들의 말 패턴을 더 좋은 방향으로 바꿨다는 사실을 매우 자랑스러워했다는 것이다. 그들은 속된 말을 하는 버릇을 완벽하게 고치지는 못했지만 상당히 많이 줄여나갔고, 특히 누군가의 감정을 상하게 할 수 있는 상황에서는 더욱 그랬다.

막대기와 돌은 나의 뼈를 부러뜨릴 수 있다.
그러나 말은 내 마음을 깨뜨릴 수 있다.

— 로버트 풀검*Robert Fulghum*

불평불만은 결국 습관이다

대부분의 사람이 자신이 얼마나 자주 불평을 하며 사는지 알지 못한다. 그건 우리가 불평 많은 문화 속에 살고 있기 때문이다. 주위를 둘러보라. 지금도 계속되고 있는 불평불만들···. 감사해야 할 것들이 산더미 같은데 막상 끊이질 않는 것은 불평이다. 더 많이 가질수록, 생활이 더 편리해질수록, 어쩌면 우리는 더 많은 불평을 하고 있는지도 모른다. 많이 가진 것을 당연하다고 여기고, 가진 것이 '완벽'에서 줄어들자마자 볼멘소리를 하기 시작한다.

당신은 아니라고? 자, 자신이 불평하는 상황을 접해볼 수 있도록 내가 하나의 과제를 내도록 하겠다. 이 과제는 1972년에 처음으로 내가 가르치는 대학과 고등학교 학생들에게 내주었고, 이제는 내 이야기를 듣는 모든 청중들(아이부터 어른까지)에게 주고 있다. 8만 명이 넘는 사람에게 이 과제를 준 셈이다. 이것은 '브루스 디아소 기념 도전'이라고 불리는데, 바로 '스물네 시간 동안 한 번도 불평하지 않고 지내는 것'이다. 어떤 것에 대해서도! 자, 지금부터 바로 시작해보라. 내가 학생들에게 이 과제를 내주었을 때 반응은 어땠을까? 모두 너무 어려운 일이라고 불평을 했다!

그렇다면 과연 얼마나 많은 사람들이 그 과제를 완벽하게 해냈을까? 아쉽게도 총 다섯 명뿐이다. 그 첫 번째 사람을 찾아내는 데는 23년이 걸렸고, 이 글을 쓰는 동안에도 나는 여전히 그 과제를 해내는 사람들을 찾고 있다. 다섯 명 중 두 명은 고등학생이었고, 두 명은 중학생, 그리고 또 한 명은 어른이었다. 그것은 과제를 받은 사람 1만 6천 명 중 한 명꼴로 그 과제를 성공적으로 완수했다는 것을 의미했다. 비율을 계산하려 했지만 너무 작아서 포기해버렸다. 수천 명의 사람은 그 과제를 해보는 것조차 거절했다. 왜냐고 묻자 누군가가 대답했다. "오, 어떻게 불평 없이 하루를 보낼 수 있죠? 그건 불가능한 일이에요!"

중요한 건 '얼마나 많은 사람이 과제를 해냈느냐'가 아니라, '이 과제를 통해 가치 있는 무언가를 배웠을까?' 하는 것이다. 물론, 나는 말할 수 있다. 절대적으로 그렇다는 것을! 자, 여기 30년이 넘는 동안 과제에 참여한 사람들이 내게 한 말들을 보라.

· 처음 10분 동안 난 불평을 했어요.
· 불평하지 않는 게 얼마나 힘든 일인지, 믿을 수가 없어요.
· 난 내가 그렇게 많이 불평하는지 몰랐어요.
· 모든 사람들이 많은 불평을 하는군요.
· 난 정말 아무 것도 아닌 걸로 불평을 해왔어요. 이젠 그렇게 시시콜콜한 일들로 불평하지 않겠어요.
· 불평은 단지 습관이에요.

· 난 이제 수많은 불평을 늘어놓는 일을 그만둬야겠어요.

자, 당신은 궁금해하고 있을 것이다. "왜 이 과제를 '브루스 디 아소 기념 도전'이라고 부르지?" 하고 말이다. 이제부터 이 과제가 처음 시작된 작은 배경과 이 이름의 이유에 대해 알려주겠다.

브루스는 샌프란시스코 대학 시절 내 후배였고, 그는 지금까지 내가 만난 이들 중 가장 놀라운 사람이다. 그는 고등학교 때 소아 마비로 몸이 마비되고 말았다. 그때는 그의 고향에 소아마비 치료 약이 들어오기 전이었기 때문에 고칠 방법도 없었다. 그가 샌프란 시스코 대학에 입학할 때는 휠체어에 앉은 채였다. 몸에서 움직일 수 있는 부분은 양손(팔이 아니라)과 머리뿐이었다. 그러나 그의 머 릿속에는 위대한 두뇌가 있었고, 그의 가슴속에는 위대한 자질이 있었다. 어느 누구도 그가 불평하는 소리를 듣지 못했다.

우린 모두 브루스의 낙관적인 모습에 경외심을 가졌다. 어느 점 심시간에 난 그에게 물었다.

"넌 어떻게 항상 긍정적일 수 있니?"

그의 대답은 간단했고 현명했으며 감동적이었다.

"난 남은 내 삶을 나 자신을 연민하거나 내 모습에 화를 내며 살고 싶지 않았어. 그 대신 모든 것에 감사하며 살기로 결심했지."

난 약간 당황스러웠지만 다시 이렇게 물었다.

"네가 가장 감사하는 게 뭐지?"

"사랑하는 주님과 나의 가족, 나의 교회, 친구들, 대학교, 나의 교수님들, 내게 주어진 두뇌…. 그리고 기회로 가득 찬 내 인생이야."

나는 샌프란시스코 대학의 강의실에서 충실한 교육을 받았지만, 그 짧은 점심시간의 대화에서 얻은 것이 내가 받은 수업 중 가장 가치 있는 것이었다. '삶의 행복에 초점을 맞추고 그것에 감사하라….'

브루스는 훌륭한 성적과 아주 명예로운 모습으로 졸업했고, 법과대학의 학위를 받기 위해 그리고 변호사로 성공하기 위해 노력했다. 그러나 슬프게도, 그의 일과 삶은 너무 일찍 끝나고 말았다. 약해진 몸 때문에 서른한 살을 끝으로 생을 마감해야만 했다.

그러나 그는 위대한 유산을 남기고 떠났다. 그는 자신이 만난 모든 사람들의 삶에 영향을 주었다. 나 또한 그중 한 명으로서, 이렇게 두 가지로 그를 기억하고 있다. 먼저 그는 내가 아는 사람 중 '가장 감사할 줄 아는 사람'이었다는 것. 그래서 내가 내 삶의 좋은 면에 초점을 맞추고 감사하며 살 수 있도록 만들어주었다는 것. 두 번째로 그는 '결코 어떤 것에 대해서도 불평하지 않았다'는 것. 당신은 단 하루라도 그렇게 할 수 있겠는가?

잔인하고 고통을 주는 말
사람은 입으로 돌을 던진다

굳이 묻지 않더라도 짐작할 수 있을 것이다. 이 책을 쓰는 데 있어 가장 어렵고 불편한 부분이 바로 이 부분이다. 거기엔 두 가지 이유가 있다. 첫째, 말을 흉기처럼 사용하고, 고의적으로 다른 사람에게 오랫동안 고통스런 기억을 남기는 해로운 말을 하는 것을 난 정말 죽기보다 싫어하기 때문이다. 둘째, 이런 이야기를 쓰다보면, 오래 전 누군가가 내게 고의적으로 던진 나쁜 말 때문에 상처를 받았던 때를 기억하게 되기 때문이다. 만약 이 글 때문에 이 책을 읽는 누군가의 마음속 아픈 곳을 건드리게 된다면 사과하고 싶다. 그러나 나는 이런 고통스러운 경험들로부터 성장하는 것이 중요하다고 생각한다. 과거에 어떤 사람이 내게 했던 말이 얼마나 상처가 됐는지를 염두에 둔다면, 똑같은 것을 다른 사람에게는 덜 하게 되지 않겠는가.

수천 년 전 공자는 말했다. "우리 자신에게 하지 않기를 바라는 것은 남에게도 하지 말라." 이 현명한 충고에는 '서로에게 상처를 주는 말은 하지 말라'는 의미도 담겨 있다. 그러나 안타깝게도 최근 조사에 의하면 과거보다 현재의 사람들이 훨씬 더 상처 주는 말을 많이 하는 것으로 밝혀졌다. 대체 왜 그런 걸까?

원인에는 여러 가지가 있겠지만, 가장 큰 원인으로는 '오락매체'를 들 수 있을 것이다. 1960년대 후반, 거친 말을 마구 내뱉던 영화 속 배우들의 모습은 점점 현실이 되어갔다. 텔레비전, 코미디, 음악 산업에까지…. 마치 수문이 열리기라도 한 듯 퍼져나갔다. 그리고 우리가 '추악하다'고 했던 말들을 거칠게 내뱉으면서 상대방을 무력하게 만드는, 소위 '언어폭력'이 생겨났다. 이것은 나중에 오락의 한 형태가 돼서, 텔레비전을 켤 때마다 등장하게 되었다. 우리가 가장 자주 접하는 시간대의 시트콤에서도 이런 식의 말들을 아주 쉽게 들을 수 있다. 이렇게 상대방에게 상처를 입히고 모욕하는 말들을 들으면서, 우린 모두 '재밌다'라고 느끼고 있는 것이다.

또 다른 원인은 '스트레스 증가'다. 단추만 누르면 모든 것이 단번에 해결되는 세상. 이제 사람들은 잠이나 휴식, 자기를 되돌아볼 시간을 빼앗기면서까지 너무 많은 것을 하려고 든다. 그래서 항상 바쁘고, 닳을 대로 닳은 정신 상태를 가지고, 언제든지 '툭'하고 꺾여버릴 듯한 모습을 한 사람들. 그들은 자신들이 받는 스트레스 때문에 좌절하고, 화를 내고, 입으로 독 같은 말을 마구 내뱉는다. 그리고 수많은 희생자가 생겨난다. 우리는 매일 상점에서, 일터에서, 가정에서, 학교에서, 운동 경기에서, 공항에서, 차안에서 어렵지 않게 그들의 말을 듣는 희생자가 되고, 동시에 희생자를 만들어간다.

불행하게도 우리는 이런 쓸데없는 말들의 결말을 경험해왔다. 당신도 알고 있지 않는가? 그것은 막대기나 돌보다 더 많은 상처를 준다는 것을. 어떤 말은 영혼을 관통하기도 한다. 그런 말들은 내 영혼 속으로 들어와 큰 부상을 입히고, 종종 치유하는 데 오랜 시간이 걸리는 흉터를 남긴다.

자, 나는 당신에게 꼭 당부하고 싶다. 특히 감정적으로 격한 상황일 때 '혀를 제어하는 방법을 배우라'고 말이다. 말은 한번 내뱉으면 다시 주워 담을 수 없다. 그리고 그런 말을 내뱉는 데는 단 몇 분밖에 걸리지 않는다. 그러나 그것은 수년 동안, 아니 수십 년 동안 지속되는 고통의 원인이 될 수도 있다.

나쁜 버릇을 없애는 방법

대학에서 역사를 전공할 때 나는 벤자민 프랭클린Benjamin Franklin의 자서전을 읽고는 그에게 완전히 매료되었다. 특히 오랫동안 기억에 남는 한 가지는, 그가 책 속에서 가르쳐준 '나쁜 버릇을 없애는 방법'이었다. 그는 자신의 작은 일기장에 '바꾸었으면 하는 행동' 목록을 쭉 적었다. 그리고 그런 행동을 할 때마다 매일 그 일기장에다 점을 찍었다. 물론 목표는 몇 주 동안 일기장에 어떤 점도 찍지 않는 것이었다.

나는 학생들과 함께 추악한 서른 가지의 말을 하지 않기 위한 방법으로 이것을 시도해보았다. 물론 상당한 효과를 보았다. 먼저 학생들에게 앞에서 말했던 추악한 서른 가지의 말을 보여준 후, 이 중에서 몇 가지라도 쓰지 않으려고 애써본 적이 있냐고 물었다. 가장 많은 대답은 "아주 조금보단 더요"였다.

"자, 이 중 이제 더 이상 말하고 싶지 않은 세 단어를 골라보렴. 그리고 이 세 장의 카드에 각각 그 말들을 적고, 이제부터 그 말을 하지 않기 위해 노력하는 거야. 대신 그 말을 할 때마다 카드에 점을 표시하는 거지."

우린 이것을 닷새 동안 계속했다. 내가 '우리'라고 하는 건 나도 그들과 함께했기 때문이다.

모든 학생이 이 시도를 진지하게 받아들인 것은 아니지만, 함께했던 학생들은 이 방법을 통해 많은 도움을 받았다. 특히 그들은 언어 습관을 깨는 것이 얼마나 어려운지 알게 되었고, 이 도전을 즐겼다. 그리고 목표를 달성하는 데 상당한 진전을 보였다. 나 또한 생각보다 까다로운 이 실험을 통해 언어 선택에 대한 내 인식을 바꿔가게 됐고, 내가 몰랐던 나의 언어 습관 속에서 정기적으로 튀어나오는 불쾌한 말들을 하나씩 제거해나갔다.

자, 추악한 서른 가지의 말에 덧붙여 하고 싶은 말이 있다.

첫째, 우리는 어느 누구도 완벽하지 않다. 따라서 때로 언어로 혹은 다른 것으로 실수를 한다고 해서 자신을 지나치게 몰아세울 필요는 없다는 것이다. 그 실수들을 줄여나갈 수 있다면, 그리고 남에게 말하는 방식을 개선할 수 있다면, 우리는 발전할 수 있다!

둘째, 항상 모든 상황에서 긍정적이고 좋은 말만 해야 하는 건 아니라는 것. 비평을 해야 할 때도 있고, 불평해야 할 때도 있고, 화를 내는 것이 적절할 때도 있다. 중요한 건 적절한 때에 적절한 방법으로 행하는 것을 배우는 것이다. 그러니 이 세 가지를 제외한 나머지 것들을 목록에서 하나씩 제거해나가도록!

진정한 대화의 기술은 적절한 곳에서
적절한 것을 말하는 것이다.
그러나 더 어려운 것은,
말하고 싶은 유혹을 느낄 때
적절치 않은 말을 하지 않고
남겨두는 것이다.

_

도로시 네빌Dorothy Nevill

당신이 하는 말이
당신을 드러낸다

선한 사람은 마음에 쌓은 선에서 선을 내고 악한 자는 그 쌓은
악에서 악을 내나니 이는 마음에 가득한 것을 입으로 말함이니라.

누가복음 6:45

말을 통해 나 자신을 보다

몇 년 전, 현명한 친구 하나가 내게 말했다. "우리는 입을 열 때
마다, 우리 자신에 대해 무언가를 드러내게 되지." 물론 이것은 그
가 개인적으로 내게 한 조언이었다. 그때 나는 삶 속에 이따금씩
찾아오는 소위 '침체된' 시간을 겪고 있었으므로. 난 스스로 '잘해
오고 있다'고 생각했지만 그는 '그렇지 않다'고 지적했다. 그러면서,
"우리의 대화는 항상 긍정적으로 시작하지. 하지만 자네가 좌절하

고 화를 내는 건 시간문제일 뿐이거든" 하고 덧붙였다. 그는 '말이 우리 속마음을 반영한다'는 걸 잘 이해시켜준 것이다.

우리는 자신이 하는 말을 관찰하면서 자신에 대해 더 잘 알게 된다. 하야카와Hayakawa의《삶을 위한 생활 의미론Language in Thought and Action》이라는 책에서 그는, '우리를 덜 사납고, 덜 두렵고, 더 협력적이고, 더 사리 분별을 잘하는 사람이 되도록' 말을 사용하는 방법을 알려주고 있다. 즉 말은 개인의 삶과 직업 속에서의 삶 모두에서 우리에게 도움을 줄 수 있다.

우리가 너무도 잘 알고 있는 '너 자신을 알라'는 말을 다시 한 번 떠올리면서, 말을 통해 자신이 어떤 사람인가를 세밀히 들여다보는 건 어떨까.

진실은 자연스러운 대화 속에서 드러난다

지크문트 프로이트Sigmund Freud는 아마 역사상 그 어떤 이보다도 많이 사람들의 입에 오르내렸을 것이다. 그를 미치광이로 보든, 위대한 과학자로 보든, 혹은 둘 사이의 어떤 사람이라고 생각하든, 그는 우리에게 '잠재된 의식'에 대해 가르쳐주고, 우리 자신을 다르게 보도록 해줬다. 또 그는 우리 마음속에 일어나고 있는 것을 말로 드러내는 방법이 있다고 알려주었다.

프로이트는 다양한 기법을 이용해서, 환자가 '정신 문제'에 대한 근본 원인을 찾도록 도와주는 실험을 했는데, 그중 하나는 '정신분석학'이고, 또 하나는 '최면술'이었다. 그러나 그의 가장 위대한 발견은 아주 우연히 일어났다. 그는 단지 환자와 자유롭게, 물 흐르듯 자연스럽게 대화하는 동안 결국 진실이 드러난다는 사실을 알았다! 이는 많은 심리학자들이 동의하는 프로이트 이론의 하나이다. 여기서 중요한 점은, 우리가 감정을 숨기려고 할 때조차도 '말'은 우리 안에 쌓여 있는 것을 드러낸다는 것이다.

마음, 모든 말을 쌓아두는 곳

사람들은 흔히 '마음에서 나온 말'이나 '마음에서 우러난 감사'와 같은 말을 자주 사용한다. 나는 종종 이런 표현들이 궁금했다. 마음(심장)은 혈액을 뿜어내는 기관이고, 실제로 정보나 감정을 저장하는 곳은 정신이지 않은가? 그러니 '마음에서 나온 말'이나 '마음에서 우러난 감사'는 정확한 표현이 아니지 않을까. 단지 아주 오래전부터 '마음(심장)'이란 단어를 '깊은 감정'에 대한 상징으로 써왔으니까 그렇게 쓰는 것이 아닐까?' 하고 생각한 것이다.

사전에는 '마음heart'을 몇 가지로 정의하는데, 그중 하나는 '사람의 몸에 깃들어 감정, 의지 등의 정신 활동을 하는 것'이고, 또 하나는 '사람의 가장 깊은 부분에 있는 기질, 감정, 또는 성향'이며, '중앙 또는 가장 깊은 부분'이었다. 이렇게 보면 마음이란 정말로 모든 말을 쌓아두고 있는 장소인 것이다.

사전에는 '마음'을 몇 가지로 정의하는데, 그중 하나는 '사람의 생각, 감정, 기억 따위가 생기거나 자리 잡는 공간이나 위치'를 뜻하고 또 하나는 '사람이 본래부터 가지는 성격이나 품성'을 뜻하며, '사람이 사물의 옳고 그름이나 좋고 나쁨을 판단하는 심리나 심성의 바탕'이라고 정의한다. 이렇게 보면 마음이란 정말 모든 말을 쌓아두고 있는 장소인 것이다.

마음의 저장고에는 무엇이 있나, 그리고 어떻게 그곳에 있나?

만약 우리 입에서 나오는 말이, 마음속에 쌓여 있는 것들이 넘쳐 나오는 것이라면 그 원천을 잘 살펴봐야 할 것이다. 말이 막 나오려고 할 때 그게 어디서 나오는지, 더 중요한 것은 어떻게 그 말이 그곳까지 가게 됐는지 스스로에게 물어보는 것이다. '지금 내

마음속에 어떤 말이 들어오고 있지?'

우리는 가는 곳마다 거기 모인 사람들의 이야기, 라디오, 텔레비전, 신문, 책, 잡지, 음악, 인터넷, 이메일 등을 통해 끊임없이 정보의 폭격을 맞고 있다. 그것에 대해 과학적인 연구를 해본 사람이 있는지는 모르겠지만, 아마도 매일매일 우리 마음속에는 수만 수천 가지의 말들이 들어오고 있을 것이다.

대학교수나 설교자처럼 청중에게 정보를 주기 위해 말을 하는 사람들은 보통 한 시간에 6천 가지 이상의 말을 한다. 우리가 종일 이런 강의나 설교를 듣고 있는 건 아니지만, 평균적으로 하루에 얼마나 많은 말이 우리 안으로 들어올까? 생각해본 적 있는가? 호기심이 많은 난 이 질문에 대한 답을 찾기 위해 개인적으로 나만의 연구(비록 그다지 과학적이진 않지만)를 해보았다. 한 주 동안 내가 듣고 읽게 되는 말을 세어보고, 어림잡아보고, 기록해보았다. 그러자 결과는? 맙소사! 하루에 4만 가지가 넘는 양의 말을 듣는 것이 아닌가?

어느 속담처럼 그 말들 중 대부분은 한쪽 귀로 들어오고 다른쪽 귀로 나간다. 그러나 그중 또 많은 말들은, 특히 우리가 반복적으로 듣는 말들은 지속되는 힘을 가진다. 그 말들은 내 안에 오랫동안 남아서, 다른 사람에게 이야기를 할 때 쉽게 튀어나올 것만 같고, 실제로 새어나오기도 한다. 내가 이 책에서 얘기하고 싶은 것은, 친절하고, 지지해주고, 용기를 북돋아주는 말이 세상을 점점 좋은 곳으로 만들 수 있다는 것이다. 따라서 말이 넘쳐 나오는 곳인 우리 마음속에, 무언가 좋은 것들만을 담아야 한다는 것, 바로 그 사실이다.

우리 마음속으로 들어오는 말을 통제할 수 있을까?

지그 지글러Zig Ziglar는 텍사스 출신의 유명한 동기부여 강사이며 저술가이다. 나는 몇 가지 이유 때문에 항상 그를 좋아하고 또 고마워한다. 그는 현명하고, 긍정적이고, 재밌고, 정중하고, 상식이 많은 사람이다. 또한 그는 핵심을 찌르는 훌륭한 말을 많이 하기도 했다. 그중에서도 기억에 남는 가장 지혜로운, 최고의 말이 바로 이것이다. '당신의 마음속에 무엇이 들어 있는가가 현재의 당신을 만든다.'

난 큰 종이에 이 말을 써서 몇 년 동안 교실 앞에 붙여두었다. 이 말은 내가 알고 있는 '교육의 중요성'에 대한 말 중 가장 훌륭한 진술이었기 때문이다. 단지 공식적인 교육에서뿐 아니라 모든 교육에 있어서 말이다. 진실로 우리는, 우리의 마음속에 들어 있는 것에 의해 현재의 우리가 된다.

그러나 나는 좀 더 중요한 이유 때문에 이 말을 교실에 걸어두었다. 바로 나의 학생들이, 매일매일 사방에서 마구 퍼붓는 말의 급류에 압도당하고 있다는 사실을 상기시키기 위해서였다. 그러한 말들이 나타내는 그림은 우리의 머릿속으로 들어와서, 생각하는 방식과 말하는 방식에 지대한 영향을 미친다. 나는 분명히 말할 수 있다! 우리를 맹공격하는 모든 메시지를 통제할 수는 없지만, 우리가 생각하는 것보단 훨씬 더 많은 말을 통제할 수 있다는 사실을. 자, 이제부터 우리 마음을 좋은 것들로 가득 채우기 위해 다음 두 가지를 명심하자.

마음에 버려지는 쓰레기를 차단하라

몇 년 전 나는 처음으로 지그 지글러의 강연을 직접 듣게 되었다. 그는 나를 실망시키지 않고, 나를 매혹하는 여러 가지 말들을 해주었다. 그는 강연 중에 이런 말을 했다.

"누군가 갑자기 여러분의 집에 들어와서 거실에 큰 쓰레기봉투를 버리고 간다면, 그를 가만히 내버려둘 건가요?" 청중들은 이 질문의 요지가 무엇인지 깨닫지 못했다. 그러나 다음 질문을 통해 알 수 있었다.

"만약 그가 쓰레기를 버리지 못하도록 막을 것이라면, 왜 여러분 마음속에 쓰레기를 버리는 건 그냥 내버려두나요?"

그는 또한, 매일 우리에게 날아드는 말들이 과연 어디에서부터 시작되는지, 그 영향이 얼마나 강력한지에 대해 계속 설명해주었다. 그리고 우리에게 날아드는 말에 단지 조금만 더 주의를 기울인다면, 많은 부정적인 말을 쉽게 차단할 수 있다는 사실을 상기시켜주었다. 우리는 텔레비전 채널을 바꿀 수 있고, 라디오 주파수를 돌릴 수 있고, 긍정적이지 못한 읽을거리들을 끊을 수 있으며, 우리를 침울한 대화로 이끌어가는 사람들에 둘러싸이는 것을 피할 수 있다. 요컨대 우리는 우리 안에 부정적인 말이 입력되는 것을 많이 제거해낼 수 있다, 충분히.

긍정적인 것들로 하루를 시작하라

이 장의 첫머리에서 등장했던 그 현명한 친구가 "우리는 입을 열 때마다 우리 자신에 대해 무언가를 드러내게 되지"라고 말했던 날, 그는 내게 또 한 가지 매우 가치 있는 것을 가르쳐주었다. 나는 그것을 '내 삶의 위대한 교훈' 중의 하나라고 부르는데, 그 가르

의사소통을 잘하면 잘할수록,

이익은 더욱 커진다.

—존 밀턴 *John Milton*

침은 내게 30년이 넘도록 하루도 빠짐없이, 긍정적인 방식으로 영향을 주었기 때문이다.

그는 이렇게 말했다. "나는 뭔가 좋은 것을 마음속에 채우는 것으로 하루를 시작하지." 즉 그는 항상 제 시간보다 약 20분 일찍 일어나서, 라디오나 텔레비전을 켜거나 신문을 보는 대신(모두 나쁜 소식을 접하게 하는 도구들이므로) 한 잔의 뜨거운 커피와, 무언가 사기를 높여주는 읽을거리와 함께 아침의 고요 속에 앉는다고 했다. 이렇게 하면 하루 동안 그가 하게 되는 말뿐만 아니라, 나머지 하루에 긍정적인 영향을 주게 된다고. 그리고 덧붙여 말했다.

"난 너무 오랫동안 이렇게 해왔기 때문에, 다른 방식으로 하루를 시작한다는 건 상상할 수가 없다네."

내가 그의 방법을 따라 하기 시작한 것은 아마도 그 말을 들은 바로 다음날 아침이었을 것이다. 그 효과가 몹시 놀라웠고, 난 바로 그 습관에 빠져들었다. 매일 아침 내 마음속에 뭔가 긍정적인 것을 채우는 일이 이토록 하루의 시작을 좋게 바꾸다니! 올바른 마음의 틀 속에서 하루를 시작한다는 것이 얼마나 놀라운 변화였는지 당신은 알 수 없을 것이다. 그것은 하루의 나머지 시간 동안 내 생각뿐 아니라 내가 하는 말에도 영향을 주었다. 그것은 이제 내가 가진 가장 좋은 습관 중의 하나가 되었고, 이제 내가 그 습관을 전하는 조언가가 되었다. 자, 그러니 당신도 부디 이렇게 한

번 해보기를 바란다.

이런 아침을 시작한 처음 몇 년 동안 나는 지그 지글러, 데니스 웨이틀리Denis Waitley, 오그 만디노Og Mandino, 로버트 슐러Robert Schuller 등 여러 사람의 책을 읽었다. 그들의 책은, 내가 하루를 긍정적이고 신선한 생각들과 함께하도록 격려해주었다. 또 심리학 분야의 책도 읽었는데, 그것들은 모두 에이브러햄 매슬로Abraham Maslow, 칼 로저스Carl Rogers, 롤로 메이Rollo May, 레오 버스카글리아 Leo Buscaglia 등 인간의 잠재성과 본성에 대해 매우 낙관적인 관점에서 바라본 내용의 책들이어서, 하루를 시작하는 나에게 많은 도움을 주었다.

나는 종종 내가 아침에 읽은 것을 다른 사람과 나누고 싶었다. 그것은 수업으로 연장될 때도 있었는데, 학생들은 내게 "선생님은 아침마다 어쩜 그렇게 긍정적이고 명랑하실 수 있죠?"라고 묻곤 했다. 나는 "나의 아침은 '나를 깨우는 아침식사'와 함께 시작되기 때문이지"라고 말해주었다. 그러면 학생들은 "그게 뭐예요?"라고 물었다. 나는 대답했다. "따뜻한 커피 한 잔과 베이글 빵, 그리고 영감이란다."

지난 몇 년 동안 나와 아침을 함께한 책의 내용들은 많이 바뀌었지만, 그것은 여전히 내 하루를 조율해주고 나를 격려해주며, 내가 말하는 방식에 영향을 미치고 있다. 이제 나는 성경을 읽고,

토머스 머튼Thomas Merton, 성 아우구스티누스St. Augustine, 헤럴드 쿠슈너Harold Kushner, C. S 루이스C.S Lewis, 맥스 루케이도Max Lucado, 그리고 그 외의 작가들처럼 영혼과 정신에 관련해 쓴 책들을 읽고 있다. 나는 알고 있다, 이런 것들은 내게 위로가 될 뿐 아니라 용기를 북돋아준다는 사실을. 그리고 그것들은 나의 하루를 더욱 잘 시작하도록 도와준다. 난 여전히 '나를 깨우는 아침식사'와 함께하지만, 이제 그 내용은 '따뜻한 커피 한 잔과 베이글 빵, 그리고 지혜'가 되었다.

혹시 컴퓨터 용어 중 GIGO란 말을 아는가? 그것은 'Garbage In, Garbage Out'의 약자로 '쓰레기가 들어가면 쓰레기가 나온다'는 의미이다. 사실 이것은 아주 당연한 논리다. 그러나 이 흔한 구절을 조금 다른 방식으로 인간에게 적용해본다면? 이렇게 되지 않을까?

"GIGO! Good In, Good Out! 좋은 것이 들어가면, 좋은 것이 나온다!"

친구를 만났을 때,

그것이 길이든 시장 바닥이든,

당신의 정신이 입술을 움직이게 하고,

당신의 정신이 혀를 지배하게 하라.

–

칼릴 지브란 *Kahlil Gibran*

당신이 선택한 말이
당신의 인생을 만든다

〜〜

말의 힘을 존중하라,
그들을 조심해서 선택하라.

중국의 '점괘 과자'에서

입으로 나가는 모든 것은 우리가 선택한다

내가 처음 썼던 책에서, 나는 한 장을 '선택하기'에 관한 내용으로 채웠다. 그 장의 제목은 '우리는 우연이 아니라 선택에 의해서 살아간다'였다. 주요 내용은 '우리는 항상 선택을 하며 살아가지만, 그것을 인식하지는 못한다'는 것이었다.

내가 그 장에서 중요하게 지적했던 선택 중 하나는 '다른 사람을 대하는 법'에 대한 것이었는데, 즉 '우리는 그들을 깔아뭉갤 수도 있고, 그들을 끌어올릴 수도 있다'는 사실이었다. 이처럼 우리는 상대에게 자기중심적이고 사려 깊지 못한 사람이 될 수도 있고, 존중하고 친절하고 도움이 되는 사람이 될 수도 있다. 그런데 당신은 알고 있을까? 대부분의 경우 이 모든 것은 우리가 '선택한 말'로 이루어진다는 사실을.

나는 최근 뜻밖의 것에서 '말을 선택하는 것'에 대해 상기하게 되었다. 난 텔레비전 광고에 꽤 흥미로운 청년이 나오는 것을 보고는 그 채널에 열중하는 '바람직하지 못한 일'을 하고 있었다. 흥미롭고 독특한 그는 나에게 시간제 보디빌더로, 시간제 잡상인으로, 시간제 심리학자로서 평상시보다 몇 분이나 더 나를 화면에 붙어 있게 만들었다. 나는 항상 심리학 용어를 써가며 말하는 재밋거리를 찾아왔는데, 세상에 그 청년은 트럭 한 대 분이나 되는 것을 가지고 있는 게 아닌가!

자신을 '의사'라고 부르는 그 역도선수는, 근육들을 굽혀 보이면서 체중 감량 프로그램 상품을 화면 중앙에 들이대면서 말했다. "제가 여러분의 탁월한 선택을 도와드리겠습니다." 그리고 그는 더 큰 소리로 말했다. "여러분의 입으로 들어가는 아주 작은 것 한 가지도, 모두 당신의 '선택'이라는 걸 실감하고 계신가요?"

나는 그가 '정확한 선택'이라고 말하는 건강식품을 다시 들이대기 시작할 때 채널을 돌려버렸다. 하지만 그는 내게 뭔가 중요한 것을 상기시켜주었기 때문에 그 짧은 방문이 너무나도 고마웠다. 그 중요한 것은 바로 '우리 입으로 들어가는 모든 것을 우리가 선택한다는 것'. 이뿐 아니라 '그 입으로 나오는 모든 것도 우리가 선택한다는 것'이다. 그러나 다시 깨닫는다. 우리는 그 선택을 항상 인식하지는 못한다는 사실을.

잘 알려진 강사이자 작가인 토니 로빈스Tony Robbins는 말했다. "우리는 대부분 우리가 사용하는 말을 무의식적으로 선택한다. 즉 우리가 사용할 수 있는 수많은 단어의 미로 속을, 몽유병 환자처럼 걸어가고 있는 것이다."

말은 허상이 아니라 살아 있다

나의 영원한 영웅, 마야 안젤루Maya Angelou. 그녀는 소수의 사람만이 할 수 있는 말로 위대한 업적을 이루어냈다. 그녀는 그 말로 베스트셀러를 쓰고 퓰리처상을 수상했으며, 대통령 취임식에서 시를 낭독했다. 그녀가 그렇게 말을 효과적으로 다룰 수 있는 이유는 바로 '말의 힘'을 날카롭게 인식하고 있기 때문이다.

몇 년 전 주간지 〈유에스에이USA〉의 인터뷰에서 그녀는, "확신하건대, 말은 사물이다. 우리는 감히 단순한 기계장치로 그 존재를 측정할 수 없다. 말은 실체가 있는 사물이며, 결코 허상의 존재가 아니다. 언젠가 말했듯 말은 죽지 않는다"라고 말했다. 그리고 동시에 우리가 선택하는 말이 다른 이에게 어떤 영향을 줄 수 있는지에 대해, 지금껏 내가 기억하는 것 중 가장 강렬한 말을 했다.

"말이 몸속으로 들어간다. 그래서 우리를 건강하게 하고, 희망적으로 만들고, 행복하게 하고, 높은 에너지를 갖게 하고, 놀랍게 하고, 재밌게 하고, 그리고 명랑하게 만들어준다. 혹은 우리를 의기소침하게 만들 수도 있다. 말은 우리의 몸속으로 들어와 우리를 우울하게 하고, 못마땅하게 하고, 화나게 하고, 마침내는 아프게 한다."

이 내용을 좀 더 세밀하게 검토해보자. 우리의 말이 다른 사람의 '몸속으로 들어가서' 그 사람이 이렇게 느끼도록 한다.

우리는 어떤 종류의 말들이 우리 몸속으로 들어오기를 원할까? 주위 사람들에게 어떤 종류의 말을 넣기를 원하는가? 이것은 중요한 선택이고, 우리는 매일 그 선택을 한다.

당신이 선택하는 매일의 대화

만약 누군가 내게 "당신이 학생들에게(고등학생이든 대학생이든) 가장 강조하는 인생 교훈은 뭐죠?"라고 묻는다면, 난 아마 "당연히 선택이죠"라고 대답할 것이다.

나는 내 모든 강의에서 '당신들은 항상 선택을 하고 있다'고 얘기해주었다. 그리고 하얀 교실 벽에 밝은 오렌지색 펜으로 단 한마디 '선택'이라고 써놓음으로써 매일매일 상기시켜주었다. 굳이 얘기하지 않을 때에도, 학생들은 그것을 볼 수 있다.

나는 또 모든 강의를 시작할 때, 다음과 같은 연습을 했다. 이것은 '내가 선택하는 매일의 대화'라는 것으로, 나는 이 목록을 보여주면서 학생들에게 물었다. "다음 중 어떤 것을 선택하겠니?"

· 거짓말을 하다 | 진실을 말하다

· 사람을 무시하다 | 사람을 일으켜 세우다

· 험담하다 | 지지하고 격려한다

· 굳은 표정을 한다 | 미소를 짓는다

결과는 말하지 않아도 알 것이다. 아이, 어른 할 것 없이 모든 사람이 압도적으로 오른쪽 항목을 선택했다. 더 나은 선택이 무엇인지는 너무나 명백한 것이었기 때문에, 학생들은 그 선택을 '머리가 없어도 할 수 있는 쉬운 일'이라고 했다.

그러나 학교처럼 통제된 환경에서 종이 위에 있는 항목을 선택하는 일과, 실제로 우리 생활에서 항목을 선택하는 일은 분명 별개의 문제다. 나는 학생들에게 일상생활 중에 거짓말하기, 험담하기, 욕하기, 빈정대기, 반박하기 등과 같은 '나쁜 선택'을 한 적이 있는지 물었다. 그러자 대부분이 그렇다고 대답했다. 그리고 교실에서 위와 같은 '나쁜 선택'을 한 적이 있는지 물었다. 그러자 대답은 나를 포함해서 아무도 '없다'는 것이었다.

그런 다음 예측했던 일이 일어났다. 한 학생이 "네, 그렇지만 우린 우리가 그런 선택을 하고 있다는 걸 모르고 있었어요"라고 말한 것이었다. 그래, 바로 그거였다! 그것이 이 모든 활동의 요점이었고, 우린 그 학생의 말을 시작으로 '우리는 어떻게 말을 선택하는가'에 대한 아주 가치 있는 토론을 하고 수업을 마쳤다. 학생들은 모두 '우린 너무 많은 말을 생각 없이 내뱉는다'는 것에 동의했다. 우린 정말 너무 많은 말을 무의식적으로 선택하고 있다.

왜 인사를 하는가?

우리가 무의식적으로 말을 선택하게 되는 상황 중 하나가 다른 사람과 인사하는 순간이다. 자, 다음에 나오는 아주 친숙한 대화를 보자.

짐: 안녕, 밥. 잘 지내니?

밥: 안녕, 짐. 난 잘 지내. 넌 어때?

짐: 잘 지내지, 뭐.

밥: 다행이군.

자, 분명 이 일상적인 대화에는 잘못된 것이 없다. 이것은 아마 매일, 수천 번씩 되풀이되는 친근한 예절법이며 우리의 익숙한 모습이다. 또한 아주 무심이 행해지는, 이제 표준화돼버린 인사의 모습일 것이다. 하지만 생각해보자. 이때 우리가 '잘 지내?'라고 묻는 건, 정말 상대방이 잘 지내는지 알고 싶어서일까? 아니면 단순히 그의 '잘 지내'라는 의례적인 대답을 듣고, 다음 대화를 이어나가기를 원하는 것일까? 대부분의 경우 답은 후자일 것이다.

몇 해 전, 나는 모든 인사를 통해 적어도 네 가지의 굉장한 기회를 가질 수 있다는 것을 알게 됐다.

현명함은 열 가지로 만들어진다.
그중 아홉 가지는 침묵이다.
그리고 나머지 한 가지는 간결한 말이다.

—스코틀랜드 속담

· 조금 더 상상력이 풍부하고 창의적일 수 있다.

· 조금 더 재미있을 수 있다.

· 누군가의 마음을 움직일 수 있다.

· 우리 자신을 움직일 수 있다.

나는 평균적으로 1년에 약 170명의 고등학생들에게 강의를 하는데, 그건 곧 내가 수업 전 170명의 아이들과 인사를 주고받는다는 말이 된다. 내가 인사를 하기 위해 선택한 방법에는 여러 가지가 있었다. 악수하기, 껴안기, 하이파이브, 로우파이브, 주먹끼리 부딪치기 등등. 그리고 각각의 방법에는 항상 따뜻하게 주고받는 말이 따랐다. 이런 방식으로 시작하는 수업은 굉장히 에너지가 넘치고 활기찼다.

해마다 새로운 강의를 시작할 때면, 난 거의 90퍼센트의 학생들에게서 "잘 지내세요?"라는 관례적인 인사를 받는다. 그러나 그들은 내게서 "잘 지내지"라는 관례적은 답변을 듣지 않았다.

나는 아주 다양한 대답을 해주었고, 그중 내가 가장 좋아하는 건 "글쎄, 잘 지냈지. 하지만 이제 너희들과 함께 있으니까 더 좋아질 거야!"였다. 이것은 그들이 미처 기대하지 못했던 대답이었으므로, 몇몇 아이들은 웃음을 짓기도 했다.

난 학생들을 진정으로 사랑했고, 진심으로 그들과 함께 있는 것이 행복했기 때문에 이런 내 대답은 그들의 하루를 빛나게 해주었다. 그것은 항상 양쪽 모두에게 아주 좋은 일이었다.

나는 또 인사를 할 때 그들에게 여러 가지 질문을 했다. 하지만 관례적인 인사인 "별일 없지?"라든가 "어떻게 지내니?"라고 묻는 것은 피하려고 노력했다. 대신 나는 'SP'식의 질문을 했으며, 또 그들에게도 그런 식의 질문을 하라고 가르쳤다. 'SP'는 'Strategically Positive'의 약자로, 전략적으로 하는 긍정적인 질문을 의미한다. 이러한 질문은 항상 긍정적이고, 구체적인 대답을 이끌어낸다. 여기, 몇 가지 SP 질문의 예를 보자.

· 특별히 고마워하는 사람이 있는가? 있다면 왜 그런가?
· 지금까지 살아오면서 가장 중요하다고 생각하는 건 무엇인가?
· 지금껏 가본 곳 중에서 가장 좋은 곳은 어디인가?
· 당신의 중요한 목표는 무엇인가?
· 가장 좋아하는 친구는 누구이며, 왜 그렇게 생각하는가?

나는 학생들과 함께 이런 방식으로 100가지가 넘는 질문을 만들어보았다. 우리는 그 질문들이 몇 가지 반응을 가져다준다는 사실을 깨닫게 됐다.

즉 이런 질문들은 첫째로 다른 사람을 중요한 존재로 느끼게 해주고, 또 이 질문에 대한 대답은 항상 또 다른 더 좋은 질문을 이끌어내며, 이어지는 대화는 언제나 긍정적이고 즐겁다는 것이었다. 그 질문들은 간단하면서도 매우 효과가 있었다.

다른 사람에게 어떻게 인사하느냐, 그것은 하나의 선택이다. 좋은 인사는 더 좋은 관계를 만들고, 서로의 에너지를 높여주고, 더 재밌게 해준다. 당신은 오늘부터 어떤 인사를 선택하겠는가?

당신은 어떤 톤으로 말하고 있나요?

많은 사회심리학자들이 '말을 통한 의사소통의 40퍼센트는 목소리 톤에 의해 이루어진다'고 주장한다. 또 때로는 그 이상이 될 수도 있다. 목소리 톤은 우리가 하는 모든 말의 핵심이 될 수도 있으며, 그것은 말 뒤에 숨겨진 감정을 나타내준다. 목소리 톤은 우리가 사용하는 단어만큼이나 중요하며, 때로는 그보다 더 중요할 수도 있다. 그리고 이 역시 우리의 '선택'에 의해 이루어진다.

우리는 마음속에 좋은 말을 담아두도록 선택할 수 있고, 또 다른 사람의 삶을 지지해주는 모든 종류의 말을 선택할 수 있다. 그러나 이런 선택과 아울러 또 한 가지 다른 선택을 해야 한다. 바로 '메시지를 어떤 방법으로 전달할 것인가' 하는 것이다! 여기엔 '감정이입'이 필요하다. 감정이입은 효과적인 커뮤니케이션을 만드는 가장 중요한 요소 중 하나이다. 내가 말하고 있는 바로 이 순간, 나 자신을 모두 담아서 상대에게 말할 때, 우리는 상대와 더 좋은 관계를 맺을 수 있다. 그리고 감정이입은 '알맞은 톤'의 선택에 의해 자연스럽게 이루어진다.

당신의 몸은 어떤 말을 하고 있나요?

우리가 의사소통을 할 때 목소리 톤이 40퍼센트 혹은 그 이상을 차지할 수 있다고 주장하는 사회심리학자들은, '신체 언어'는 그보다 더 높은 비중을 차지한다고 주장한다. 그들은 우리가, 해야 할 말의 반 이상을 신체로 표현한다고 말한다. 신체 언어가 그리 중요하게 다루어지지 않던 시절에도, 커뮤니케이션 전문가들은 책 속에서 '우리는 몸으로 여러 가지 말을 한다'고 말했다. 또한 그들은 효과적인 커뮤니케이션을 위해 얼굴 표정을 어떻게 지어야 하는지, 손을 어떻게 사용해야 하는지를 잘 알아야 한다고 제안했다.

나는 학생들을 가르치는 일을 하면서, 일찌감치 '신체 언어'가 얼마나 중요한지에 대해 배웠다. 목소리 톤과 신체 언어가 정확하지 않으면 메시지가 제대로 전달되지 않을 만큼 그것들은 중요한 역할을 하고 있다. 그리고 신체 언어 또한 우리가 다른 사람에게 말할 때 '선택'해야 하는 것 중 하나가 된다. 미소와 친근한 몸짓, 이들은 친절한 말을 위한 가장 좋은 동반자가 아닐까.

적당하고 부드러운 스킨십의 힘

캘리포니아는 자유롭게 스킨십을 하는 사람들과 신세대들이 득실대는 곳으로 유명하다. 그러나 나를 그들 중 하나로 포함시키지는 말기를. 나는 사람들과 말을 할 때 종종 스킨십을 사용하지만, 그것은 내가 '캘리포니아인'이란 것과는 전혀 관계가 없다. 나는 그저 부드러운 스킨십, 애정 어린 포옹, 다정스런 몸짓은 말의 효과를 높여주는 아주 강력한 방법임을 알고 있을 뿐이다. 정확한 톤을 선택할 때 친절한 말을 더 부드럽게 만들어줄 수 있듯이, 적절한 스킨십의 선택은 말을 한결 따뜻하게 만들어준다.

오랫동안 피부는 단지 신체를 덮고 있는 것으로만 여겨져 왔다. 하지만 생물학과 심리학에 걸친 방대한 연구는 또 다른 사실을 우리에게 가르쳐준다. 작가이자, 가정치료 전문가인 앨런 로이 맥기니스Alan Loy McGinnis는, "50만 개가 넘는 신경 섬유질이 척수를 통해 피부에서 뇌로 흘러들어간다. 따라서 신경조직인 피부는 신체의 가장 중요한 기관이다"라고 말했다. 이는 곧 '부드러운 스킨십'이 중요한 치료법이 될 수 있다는 것을 증명해주었다.

부드러운 스킨십은 애정이 결핍된 사람에게도 자극이 될 수 있다. 맥기니스는 "당신이 진심으로 애정을 표현하려고 할 때, 부드러운 스킨십은 수천 가지 말보다 훨씬 더 상대와 가까워지게 만들 수 있다"고 덧붙였다.

친절한 말과 부드러운 톤, 그리고 따뜻한 스킨십이 합쳐졌을 때 어떤 일이 일어날지, 그건 당신의 상상에 맡기겠다.

때때로 침묵은 금이다

침묵의 중요성을 말하는 명언들은 우리가 생각해봐야 할 모든 것을 말해주는 것 같다. 때로는 아무것도 말하지 않는 것이 가장 현명한 결론이 되기도 한다. 그러나 우리는 얼마나 자주, 생각하지도 않고 말을 내뱉고 또 그 일을 후회하는가? 이는 우리가 잠시 멈춰서 반성해보고, 주의 깊게 들어보고, 그 말에 담긴 감정을 정리해보고, 말하기 전에 생각해보는 것을 배우지 못했기 때문이다. 아주 다양한 방법으로 이런 기술을 배울 수 있는데도 불구하고 말이다.

커뮤니케이션 기술을 담은 책과 테이프, 세미나, 전문적인 훈련, 대학 강의, 그리고 가장 좋은 방법인 훌륭한 조언자의 조언…. 우리는 얼마나 쉽게 그 방법들을 배울 수 있는가.

하지만 나는 가장 먼저 '당신의 생각하는 습관을 바꾸라'고 말하고 싶다. 즉 말을 좀 더 조심스럽게 선택하는 법을 배우는 것, 그것이 말하는 기술을 향상시키는 첫걸음이다.

나는 내가 사용하는 말에 대해 한번 더 생각해본다.

나는 험담이 자신을 포함한 모든 사람에게 얼마나 상처를 입히는지 알기 위해서 노력하고, 따라서 더 이상 남을 험담하는 일을 하지 않기 위해서 노력한다.

나는 상처를 입히는 말 대신 용기를 북돋아주고, 마음을 채워주고 풍성하게 해주는 말을 하기 위해 노력한다.

나는 때로 말을 완벽하게 선택하지 못했다 해도 실망하지 않는다.

세상을 더 좋은 곳으로 만드는 일은 결코 쉽지 않음을 알기 때문이다.

-

<말로 치유하기 *Words Can Heal*> 캠페인 서약문 중에서

2부

긍정적인 말의 힘

오늘 누군가에게 무심코 건넨 친절한 말을,
당신은 내일이면 잊어버릴지도 모른다.
하지만 그 말을 들은 사람은
일생 동안 그것을 소중하게 기억할 것이다.

데일 카네기 Dale Carnegie

기쁨의 말
하루를 시작하는 가장 작은 습관

～～

하루를 보내는 가장 좋은 방법은 그날을 즐기는 것이다.
그리고 다른 사람들에게 그날의 즐거움을 퍼뜨리는 것이다.
자, 오늘을 축하하자!

존 크레이머 *John Kremer*

두 번째 목표를 이루기 위해

지금까지 읽은 내용은 이 책의 핵심을 배우기 위한 준비운동이었다고 생각하면 된다. 앞에 소개한 다섯 개의 장에서 우리는 말에 대한 일반적인 의미를 이해하고, 말을 사용하는 특별한 방법에 대한 기초를 다졌다. 말의 기원과 말이 주는 영향, 그리고 말이 타인뿐 아니라 우리 자신에게 입히는 손상에 대해 이해하는 것은 매우 중요하다. 우리가 말에 대한 중요성을 인식하고, 말을 현명하게 선택하도록 상기하는 것, 그것이 내가 앞에서 한 많은 시도들의 목표라고 할 수 있을 것이다.

자, 이제 다음에 이어질 열 가지 말을 통해 당신이 이 책의 두 번째 목표이자 이전보다 더 중요한 목표를 이룰 수 있기를 바란다. 그것은 바로 '삶을 축복하고 용기를 북돋아주는 말을 사용하는 것'이다. 입을 열 때마다, 우리에겐 그 선택의 기회가 온다. 그리고 입을 열 수 있는 기회는 또 얼마든지 있다. 이제부터 우리가 해야 할 일은 주변을 둘러보는 것이다.

좋은 점을 찾는 사람이 되기

앞서 우리는 마음속에 저장해둔 말이 어떻게 바깥으로 나오는 지에 대해 이야기했다. 그리고 내가 하루를 시작할 때, 머릿속을 긍정적인 것들로 채우기 위해 행하는 습관에 대해서도 이야기했다. 하루를 시작할 때 우리가 접하게 되는 좋은 말은, 남은 하루 동안 우리가 말하는 방식에 긍정적인 영향을 미친다는 것까지도. 하지만 이제 한 가지 더 알아야 할 것이 있다. 그것은 앞에서 내가 말한 것들보다 말하는 데 더 많은 영향을 미치는 것이다. 이는 바로 '좋은 점을 찾는 일'이다.

때때로 우리는 "아하!"라는 말과 함께, 특별한 깨달음을 얻는 순간을 경험하곤 한다. 지그 지글러가 쓴 《정상에서 만납시다See You at the Top》라는 책을 읽었을 때, 나는 그런 경험을 했다. 최근에 나는 그의 강연을 들었고, 다시 한번 그의 에너지와 지혜로움에 깊은 영감을 받았다. 그리고 그의 책 속에서 삶에 대한 아주 긍정적이고, 현실적인 접근을 엿볼 수 있었다. 특히 내게 영감을 준 것은 '좋은 점을 찾는 사람들'에 대한 것이었다. 이 이야기에서 지글러는 꽤 성공을 거둔 100명의 사람들을 대상으로 한 연구에 대해 소개하고 있었다.

그 성공자들의 나이는 20대 초반에서 70대 후반까지였는데, 모두 다양한 배경을 가지고 있었다. 지글러의 글에 의하면 '특징과 성격들도 매우 다양했다'고 한다. 하지만 그들에게는 한 가지 공통점이 있었다. 바로 그들이 모두 '좋은 점을 찾는 사람들'이라는 것이다. '좋은 점을 찾는 사람들'이라고? 즉 그들은 다른 사람들을 대할 때, 그리고 모든 상황에서, 좋은 점을 찾고 또 항상 그것을 발견했다는 것이다.

나는 책을 덮고 한참동안 '다른 사람과, 모든 상황에서 좋은 점을 찾아보는 것'에 대해 생각했다. 그러자 곧 몇 개의 오래된 속담이 떠올랐다.

· 구하라, 그러면 얻을 것이다.

· 우리는 항상 찾고자 하는 것을 발견한다.

· 당신이 보고 있는 것이 바로 당신이 얻은 것이다.

그러면 나는 어떤 사람일까? 잘 생각해보면, 내 삶의 무대에서 나는 결코 '좋은 점을 찾는 사람'은 아니었다. 어쩌면 오히려 그 반대였을지도 모른다. 나는 다른 많은 이들처럼 나쁜 점과 추한 점을 더 잘 찾아냈고, 그런 다음 그것에 대해 온갖 불평을 쏟아냈다. 앞에서 말했듯 우리는 불평이 득실대는 문화 속에서 살고 있으니…. 게다가 그것을 깨닫지 못한 채 먼저 그것에 익숙해진 다음 한탄하고, 칭얼거리고, 투덜대고, 불평하면서 그것을 옮겨주는 사람이 됐다. 요컨대 우리는 나쁜 점을 찾고 그것을 전달한다, 항상.

내가 한창 그럴 시절, 나는 처음으로 친구에게서 선물로 받은 성경책을 읽어보게 되었다. 나는 성경에 담겨 있는 풍부한 문학적 소재와 지혜, 삶을 풍요롭게 하는 메시지, 그리고 아주 실질적인 충고를 좋아했다. 그리고 '좋은 점을 찾는 사람이 되라'는 지그 지글러의 충고를 읽은 바로 이틀 뒤에, 성경 속에서 사도 바울의 편지 하나를 발견했다.

형제들아 무엇에든지 참되며 무엇에든지 경건하며 무엇에든지 옳으며 무엇에든지 정결하며 무엇에든지 사랑할 만하며 무엇에든지 칭찬할 만하며 무슨 덕이 있든지 무슨 기림이 있든지 이것들을 생각하라.

—빌립보서 4:8

이 편지는 나에게 '좋은 점을 찾는 사람이 되라'고 말하는 것만 같았다. 이를 믿든, 그렇지 않든 이것은 완전하고, 철저하고, 실제적이고, 일상적이고, 상식적인 충고이며, 앞으로 받게 될 모든 충고 중 가장 좋은 충고가 될 것이다. 나쁜 점보다 좋은 점을, 잘못된 것보다 옳은 것을, 어두운 그림자보다 밝고 아름다운 것을, 슬픔보다 기쁨을 찾아보자. 그러면 당신은 항상 뭔가 아주 좋은 얘깃거리를 가지게 될 것이다.

지글러와 사도 바울의 충고에 대해 생각하며, 나는 더욱더 '좋은 점을 찾는 사람'이 되기로 결심했다. 이 결심은 내 가치관뿐 아니라, 내 태도와 말하는 방식까지 변화시켰다. 물론 그날 이후로 어떤 투덜거림이나 불평도 하지 않았다고 말할 수는 없다. 하지만 자신 있게 말할 수 있다! 적어도 그런 것들을 많이 줄이게 됐다고.

왜 부정적인 것을 찾으려 애쓰고, 기어이 그것을 발견하고는 항상 그것에 대해 떠들고, 또 그것을 다른 이에게 옮기는 데 시간과 에너지를 소비하는가? 좋은 점을 찾고, 좋은 점을 발견하고, 그것을 다른 사람과 함께 축복하는 것이 더 이치에 맞지 않을까?

왜 우리는 좋은 뉴스를 들을 수 없을까?

수년 전 〈뉴스위크Newsweek〉는 모든 뉴스를 '오늘의 평범한 영웅들'을 찾는 데 쏟아부은 적이 있었다. 머리기사를 '전쟁, 범죄, 그리고 정치적인 이야깃거리'로 채우는 대신 '좋은 소식들'로 채우기로 한 것이다. 기자들은 지역사회에서 다른 사람을 돕거나, 소리 없이 선행을 행한 평범한 영웅들을 찾기 시작했다. 그리고 그들은 가는 곳 어디에서나 이런 사람들을 발견해냈다. 그들은 '좋은 점을 찾는 사람'이 되었고, 실제로 좋은 점들을 발견하게 된 것이다.

편집자는 말했다. "어느 순간, 우리에게 아주 힘이 되는 것을 발견했어요. 그것은 소위 '냉소의 시대'라 불리는 이 시대에, 아주 평범한 사람들이 커다란 변화를 만들어가고 있단 사실이었죠."

자, 편집자가 '우리는 ~ 발견했어요'라고 말한 부분을 주목해보자. 사전을 보면 '발견하다'의 의미가 '처음으로 시야나 지식을 획득하는 것'이라고 나와 있는데, 그러면 그전까지 그들은 '우리 주위에 이렇게 매일 좋은 일을 하는 좋은 사람들'이 있다는 것을 몰랐다는 뜻이 아닌가. 이 뛰어난 잡지를 위해 일하는 그들은 현명한 동시에 헌신적이라고 해야 할 것이다.

그렇다면 그들은 왜 그동안 그런 모든 선행들을 모르고 지냈으며, 다른 기자들은 또 왜 아직 그 선행들을 알지 못하는 걸까? 대답은 간단하다. 그것을 찾아보지 않았기 때문이다! 또 수많은 매체를 통해, 왜 우리가 그토록 많은 나쁜 소식을 접하게 되는지 이상하지 않은가? 그것은 그들이 나쁜 소식들만을 전하기 때문이다. 그들이 그 소식들을 발견해내고, 매일 그것을 우리에게 보도해주기 때문이다. 우리의 머릿속은 그것들로 채워지고, 그리고 우리는 그것에 대해 이야기하고….

뉴스 내용이 좋은 일과 나쁜 일을 좀 더 균형 있게 다뤄주면 좋지 않을까? 세상에는 좋은 일을 하는 멋진 사람들이 수천 명이나 있다는 사실을 상기시켜주면 좋지 않을까? 그러면 우리는 인간 본성에 대한 믿음을 재확인하고, 좀 더 좋은 대화거리를 가질 수 있게 되지 않을까? '말없는 영웅과 그들의 작은 승리'에 대해, 한 해에 단 하나의 기사를 소개하는 것이 아니라, 적어도 하나의 코너를 만들어 이런 삶을 지속적으로 보여줄 수도 있지 않을까.

이런 기사를 읽으면 우리는 용기를 얻을 뿐 아니라 영감을 얻을 수도 있다. 그때 〈뉴스위크〉를 읽으며 난 이런 생각을 했다. '왜 그들은 이런 기사를 좀 더 많이 만들어내지 못하는 걸까? 대체 왜 모든 방송과 잡지와 신문은 우리를 기운나게 하는 소식들을 전해주지 못할까?' 아마도 그것은 많은 사람이 스포츠나 오락 페이지를 더 즐겨보기 때문일 것이다. 오래전 대법원장이었던 얼 워런Earl Warren은 "사람들은 실패에 대해 알기 위해 신문의 주요 면을 읽고,

성공을 알기 위해 스포츠 면을 읽는다"라고 말했다.

우리는 언제나 사람들이 스포츠에 대해 이야기하는 것을 듣는다. 많은 사람들이 "대화를 시작하는 데 스포츠만한 주제가 또 없지!"라고 생각할 정도로 말이다. 그것이 진실이든 아니든, 스포츠에 대한 대화는 대부분이 긍정적이다. 그렇다! 거기에는 실패한 슛, 실책, 놓쳐버린 패스, 그리고 코치의 얼빠진 판단에 대한 불평이 있지만 대부분의 경우 경기는 활기가 넘치고 생생하고 재미있다. 그것은 주로 우리가 스포츠 면을 읽으며, 사람들의 성공에 대해 알게 되기 때문이다. 류현진 선수는 또 멋지게 호투를 펼치고, 황의조 선수는 결정적인 순간에 골을 넣고, 손흥민 선수는 〈타임〉의 표지를 장식하고…. 우리는 이렇게 축하할 거리, 다른 사람과 함께 나눌 거리를 얻는다.

주요 뉴스 면에서는 그 날의 어두운 소식을 얻고, 스포츠 면에서는 밝고 생기 넘치는 소식을 얻는다면, 당신은 둘 중 어떤 것에 대해 얘기하고 싶은가? 어떤 것에 대해 더 듣고 싶은가? 매체들이 보도해주든 말든 우리 주위에는 좋은 뉴스가 많다. 우리는 그것들을 찾아보고, 발견하고, 다른 사람과 나눌 필요가 있다.

나는 확신한다!
잘못된 일보다 옳은 일에 대해
얘기하는 법을 배운다면,
세상은 분명 훨씬 살기 좋고
행복한 장소가 되리라는 것을.
우리에게는 축하할 일이 아주 많다!

—마이클 R. 패리 *Michael R. Parry*

"우리는 오늘 무엇을 축하할까?"

내가 가르치는 학생들이 아이든 어른이든 관계없이, 난 항상 모든 수업을 시작할 때 이 질문을 한다. 때로는 이 말을 바꿔 "누구 좋은 소식 있니?"라든가 "누구 좋은 얘깃거리 있는 사람?"으로 물어보기도 한다. 내가 어떻게 말하든 그 내용은 항상 같다. 그 질문은 삶을 축복해주고, 바르고 좋은 것에 초점을 맞추도록 하는 것이기 때문이다. 그리고 그것은 항상 즐거운 일이다!

제일 처음 강의를 시작한 날 우연히 시작된 이 질문은, 30년 동안 계속되어 내가 가르치는 일을 그만둘 때까지 함께했다. 그리고 이것은 30년간의 내 삶을 풍요롭게 하는 일이기도 했다. 아마 어림잡아보면, 약 2만 7천 번이 넘게 이 질문을 했으리라. 그리고 내가 질문을 할 때마다 난 다섯 개 혹은 그 이상의 긍정적인 대답을 들을 수 있었다. 이는 정말 굉장한 축복이 아닌가!

믿을 수 없을지 모르지만, 이 작은 시도는 아이들에게 '부정적인' 관점을 심어준 한 가지 사건에서부터 시작되었다. 바로 '시사 숙제'였다. 고등학교에서 난 주로 미국의 역사와 정부에 대해 가르쳤는데, 이 과목을 가르칠 때면 언제나 신문의 시사 면을 읽어오라는 숙제를 내주었다. 평범한 고등학생들은 음악이나 스포츠, 그리고 다른 오락 형태와 관련이 없는 것에 대해서는 큰 관심이 없으며 아는 게 없었기 때문에, 신문의 시사 면을 읽는 것은 그들에게 완전히 새로운 경험이었다.

다행히 몇 주 내에 그들은 요령을 터득했고, 그전까지 그들이 전혀 알지 못했던 '세상 돌아가는 것'에 대해 지적인 대화를 나눌 수 있게 발전했다. 그러한 그들의 새로운 능력은 실로 놀라운 것이었다. 마치 틀에 박힌 일상 속에 살아가는 학생들의 악의 없는 관찰이 내게 큰 충격을 주었다고나 할까.

그러던 중 어떤 학생이 "선생님, 선생님도 아시다시피 선생님은 긍정적인 분이신데, 우리에겐 부정적인 숙제를 내주셨어요"라고 말했다. 나는 좀 놀라서 "무슨 뜻이지?"라고 되물었다. 그러자 학생은 간단하게 "뉴스의 대부분이 나쁜 것이었으니까요"라고 설명하며, "그건 우리를 낙담시키거든요"라고 덧붙였다. 그는 분명 나보다 한 수 위였다….

우리는 그 학생의 말에 대해 토론을 했고, 나는 학생들이 열중하는 모습에 놀랐다. '나쁜 뉴스가 왜 그렇게 많은 걸까?'의 대답에 대해 몇 가지 결론을 이끌어내는 동안, 우리는 모두 한 가지에 동의했다. 즉 '우리는 좀 더 좋은 뉴스를 접해야 한다'는 것. 이는 내가 꽤 오래 전부터 생각해왔던 것이 아닌가. 그런데도 나는 학생들에게 이 모든 나쁜 소식들을 읽어오라고 요구했고, 동시에 '긍정적인 사람'으로서의 나의 명성을 위험에 빠뜨릴 뻔했던 것이다.

요즘 나는 학생들에게 '우리에겐 매일 축하할 일이 있고, 우리의 학습 환경에 영향을 주는 하루 분량의 좋은 뉴스가 있다'는 것을 증명하는 데 전보다 더 열정적이다. 그래서 첫 수업뿐 아니라 그 후에도 계속 학생들에게 물었다. "우리, 오늘은 무엇을 축하할까?" 그러면 학생들은 그 질문이, '오늘이 역사적으로 무슨 특별한 날이지?'를 의미한다고 생각하고는 그 대답을 알아내기 위해 애썼다. 그래서 나는 "자, 다른 방식으로 물어보겠다. 누구 좋은 소식 있는 사람? 누구 좋은 얘깃거리 있는 사람?"이라고 물었다. 학생들은 좀 얼떨떨해 했다. 나는 "너희들이 신문에서 좋은 뉴스를 찾는 것을 어려워하기 때문에, 우리 생활 속에서 몇 가지를 찾아내보려고 하는 거야"라고 설명했다. 곧 학생들은 이것이 '수업을 시작하는 아주 훌륭한 방법'이라고 이해하기 시작했고, 학생들과 나 모두에게 깊이 간직되고 오래도록 영향을 미치는 일로 발전해나갔다.

삶의 자세를 바꾸는 가장 간단한 습관

수년 동안 수업을 하면서, 나와 학생들은 가능한 접할 수 있는 모든 좋은 뉴스에 대해 이야기를 나눴다. 몇몇은 사소한 것이었고, 몇몇은 큰 사건이었다. 그러나 가장 중요한 것은, 학생들이 매일의 삶에서 좋은 것을 찾고, 또 그것을 다른 사람들과 나누는 법을 배웠다는 것이다. 이 간단하고 작은 시도는 훨씬 더 강한 효과를 가져왔다. 전날의 좋은 뉴스를 오늘에 더해가면서, 학생들은 매일매일 '우리 주위에는 항상 좋은 일이 일어나고 있다'는 생각을 키워나가게 된 것이다. 학생들은 그것을 찾으려 했고, 발견했고, 다른 사람들과 그것을 나누고 축하했다.

몇 년 동안 나는 하루를 축하하는 방법으로 세 가지를 더 선택했다. 첫째는, '감사해야 할 대상에 대해 나누는 것'이었다. 우리는 이것을 '영원한 좋은 소식'이라고 불렀다. 둘째는, '친구에게 칭찬하는 말을 해주는 것'이었다. 그리고 마지막으로 '이치에 어긋나지 않으면서도 뭔가 재밌는 것에 대해 나누는 것'이었다. 이 세 가지에 대해서는 다음 장에서 얘기하겠다. 그것들은 학교에서, 가정에서, 직장에서, 친구들 사이에서, 모든 곳에서 우리와 밀접하게 관련되어 있다.

'축하하기'라는 이 작은 시도는 내가 가르치는 초등학교 학생들에게 아주 인기가 많았기 때문에, 나는 대학생들에게도 시도해보고 싶었다. 하지만 '그들은 이미 삶에 물들고 굳어져서 냉소적인 반응을 보이면 어떡하지?' 하는 걱정이 앞섰다. 그러나 그 두려움은 금세 가벼워졌다. 예상외로 그들은 모두 좋아했고, 아이들보다 더 많은 뉴스를 가지고 있었으니까. 학생들 중 몇 명은 경영자의 자리에 있는 사람이었는데, 그들은 이 아이디어가 너무 좋아서 회의를 시작할 때마다 사용한다고 말했다. 그들의 직원들도 상당히 좋아한다면서.

하루에 적어도 다섯 번 이상 좋은 뉴스를 듣는 것이 너무 즐거운 일이란 건 알았지만, 그것이 그렇게 지속적인 영향을 주리라고는 생각하지 못했다. 축하하기를 처음 시도했던 첫해가 지나갈 무렵, 나는 기말고사에서 아주 놀랍고 가치 있는 피드백을 받았다.

기말고사의 과제는 '그동안 배운 것에 대해 나름대로 최선을 다해 표현한 리포트'를 제출하는 것이었다. 나는 문제에서 이 수업에서 배운 가장 가치 있는 세 가지와 그 이유를 물었다. 그리고는 답변을 읽어보고 깜짝 놀랐다. 거의 모든 학생들이 '수업을 시작하는 방법'에 대한 내용을 쓴 게 아닌가! 역사와 정치에 대해 배우는 동안, 우리가 수업을 시작할 때 나누었던 좋은 뉴스들이 훨씬 더 가치가 있다는 사실을 그들은 알게 된 것이다. 좋은 것을 찾고, 그것을 다른 사람들과 함께 축하해주는 일이 얼마나 가치 있는가를 말이다.

내가 학생들을 가르치는 일을 마지막으로 했던 어느 해에, 나는 우연히 20년도 더 전에 가르쳤던 한 여학생을 만나게 됐다. 그런데 그녀가 나를 보고 한 첫 번째 질문이 무엇인지 아는가? 바로 "선생님은 여전히 좋은 뉴스를 함께 나누는 것으로 수업을 시작하시나요?"였다. "그 질문으로 시작하지 않는 수업은 상상할 수 없다네"라는 내 대답을 들은 그녀는 이렇게 말했다. "그건 수업을 시작하는 굉장히 훌륭한 방법이었어요. 전 선생님의 첫 수업으로 하루를 시작한다는 게 너무 기뻤어요. 그 수업은 남은 하루를 너무 기분 좋게 만들어줬거든요. 하지만 더 중요한 건, 그 일이 우리 삶에 대해 부정적인 것보다 긍정적인 것에 초점을 맞추도록 해줬다는 사실이에요. 전 아직도 그 습관을 지속하고 있고, 지금도 전 항상 뭔가 나눌 수 있는 좋은 뉴스를 가지고 있어요!"

몇 년 동안, 나는 예전에 내 수업을 들었던 학생들에게서 이와 비슷한 얘기들을 셀 수 없이 듣고 읽어왔다. 매일 몇 분 동안 했던 이 보잘것없는 '축하하기'는 나 자신을 포함해 많은 이의 삶에 측정할 수 없는, 그리고 영원히 지속되는 영향을 주었다.

지금 당신을 안아줄 한마디

오늘 하루, 당신은 좋은 소식을 들었나요?

나는 당신이 말하는 걸 듣고 싶어요.

셋을 셀 동안 기다릴게요!

당신이 나를 위해 가지고 있는 좋은 소식을 들려주세요.

하나, 둘, 셋!

–

〈원더라마Wonderama〉 가사 중에서

진심 어린 칭찬
항상 최선의 결과를 이끄는 힘

~~

다른 사람에게서 칭찬과 감사의 말을 들었을 때, 얼마나 멋진 느낌이 들었던가!
다른 사람에게도 칭찬은 똑같이 멋진 느낌을 준다.

존 템플턴 경 *Sir John Templeton*

나는 다른 사람에게
용기를 북돋아주는 사람일까?

내가 좋아하는 사람 중 하나인 파울라 콜론 부인은 우리 집 바로 근처에 살고 있다. 아마도 그녀는 상대방의 기분이 어떤가와 상관없이(당신이 이미 기분이 좋은 때조차도), 상대의 기분을 더 좋게 만들어줄 수 있는 몇 안 되는 사람 중 한 명일 것이다. 그녀는 항상 몇 가지 좋은 뉴스를 함께 나누면서, 간혹 한두 가지의 불평을 늘어놓고 나와 내 가족의 안부를 물은 다음, 내가 농담을 하면 아주 유쾌하게 웃는다. 이런 그녀와 함께 있으면 어느 누가 기분이 좋아지지 않겠는가?

몇 년 전 나는 그녀의 생일파티에 초대를 받았다. 생일 축하 노래가 끝난 다음, 그녀는 선물을 받기 위해 테이블 중앙에 앉았다. 선물 증정식이 끝나자 파티 주최자가 손님들에게 그녀에게 하고 싶은 말이 있냐고 물었다. 파울라는 그날 많은 사람에게서 '아름답고, 당연히 받아야 할 좋은 찬사들'을 받았다. 그녀에게 한 모든 좋은 말들을 기억할 수는 없지만, 그날 내 마음속에 영원히 각인된 한마디의 말이 있다. 바로 그녀의 시동생이 한 "그녀는 삶을 고양시키는 사람이에요!"란 말이었다. 그 말은 파울라를 묘사한 가장 완벽한 말이었다.

사전을 보면 '고양하다'란 말은 '올려주다(파울라가 다른 사람의 기분을 올려준 것처럼)' 혹은 '향상시키다(그녀가 주위 사람들의 삶의 질을 향상시켜준 것처럼)'로 나와 있다. 그녀가 어떻게 그렇게 할 수 있었을까? 아마도 그건 대부분 '친절하고, 지지하는 말' 때문이었을 것이다. 그녀는 항상 뭔가 좋은 이야깃거리를 가지고 있었으니까.

그날 집으로 돌아오면서, 나는 몇 년 전 내 삶을 깊이 변화시켜준 또 다른 사람이 떠올랐다. 내가 가르치는 일에 첫발을 디딜 무렵이었고, 그곳에 할 수 있는 모든 노력을 기울이고 있을 때였다.

하지만 나는 이 일이 사회에서 요구하는 것만큼 도움이 되고 있다는 느낌을 받지 못했다. 그 이유 중 하나는 내가 상관을 비판하고 있었기 때문이다. 그것도 매우 자주, 자연스럽게. 내 머릿속에는 상관에 대한 나쁜 생각들이 가득 차 있었고, 나는 그를 비판했으며, 항상 문제를 더 나쁘게만 바라보고 있었다.

그 즈음 나는 '팀'이라는 동기와 함께 교수회와 사회연구회에서 함께 활동을 하고 있었다. 그는 학생들에게 굉장히 인기가 있었고, 많은 존경을 받았다. 나는 그를 보면서 '그가 학생들을 가르치고, 그들과 소통하는 모습에서는 물론, 그가 어떻게 두뇌를 활용하고 있는 지에 대해 뭔가 배울 수 있지 않을까'란 생각이 들었다. 그 생각은 옳았다. 실제로 나는 그에게서 많은 것을 배웠으니까. 하지만 그 배움이 내 삶을 이렇게까지 변화시키리라고는 깨닫지 못했다.

팀은 다른 사람의 장점을 드러내는 데 특별한 재능을 지닌 사람이었다. 그는 항상 실수보다는, 학생들이 잘한 일이나 잘할 수 있는 일에 대해 강조했다. 그는 학생들에게 열정적으로 인사하고, 그들의 해낸 일을 칭찬해주고, 끊임없이 그들에게 용기를 북돋아주었다. '너희 인생의 기회를 찾아보고, 끊임없이 좋은 점을 찾아보라'고 말하면서 말이다.

그는 나에게도 똑같이 행동했다. 그는 내가 한 모든 '잘한 일'을 짚어주었고, 나의 헌신적인 태도를 존경한다고 말하면서 "자네의 수업 방식은 정말 대단해! 학생들이 자네 수업을 얼마나 좋아하는지 모른다네"라며 그 사실들을 상기시켜주었다. 그의 그런 말들은 나를 더욱 좋은 선생으로 만들어주었고, '말의 힘'에 대한 실로 위대한 교훈을 가르쳐주었다. 그는 이 모든 것을 '친절하고, 칭찬하고, 지지하는 말'로 이루어냈기 때문이다, 파울라가 그랬던 것처럼. 그리고 그녀처럼 그는 항상 '뭔가 좋은 얘깃거리'들을 찾았다.

파울라와 팀은 전의 어떤 것보다도 가장 강력한 인간관계 기법, 즉 다른 사람의 삶을 '지지해주는' 기법을 발견했고, 삶 속에서 완성시켜 나갔다. '지지하다'라는 말은 우리 말 중 가장 위대한 말이 아닐까? 그것은 '상대방의 좋은 점을 찾아보고, 발견하고, 발견한 것을 상대방에게 얘기해주는 것'을 의미한다. 또 그것은 '다른 사람들을 높여주고, 용기를 북돋아주는 것'을 의미한다. 또한 '다른 사람을 칭찬하고, 그에게 박수갈채를 보내야 할 이유를 발견하는 것'이다. 나아가 '상대방이 자라도록 영양을 공급해주고, 도와주고, 뒷받침해주는 것'이다. 그리고 그것은 '다른 사람들이 잘 하는 것을 더욱 강하게' 나타내준다. 가장 중요한 것은 그것이 사람들에게 '삶을 축하해야 할 이유'를 준다는 것이다.

암웨이 그룹의 리처드 디보스Richard DeVos는 몇 년 전 이를 주제로 아주 감동적인 글을 썼다. 그 글에서 리처드는 칭찬과 지지를

'긍정적인 후원'이라 표현하며, 삶에서 그것보다 더 강한 힘을 발휘하는 것은 없다 말한다. 어떤 것을 잘하고, 그것에 대해 잘 안다고 해도, 다음번에 '더 잘 할 수 있다'는 자극은 더 큰 결과를 가져다준다. 요컨대 진심 어린 칭찬은 최선의 결과를 이끌어낸다. 그러나 정말 슬픈 것은 사람들이 이 사실을 모른다는 것이다. '다른 사람을 지지해줄 때, 그들이 얼마나 더 큰 것을 이루어낼 수 있는지' 우리는 충분히 깨닫지 못한다. 그래서 우리는 '긍정적인 후원' 대신, '부정적인 지지'를 받는다. 우리는 잘한 것보다는 잘못한 것에 더욱 초점을 맞춘 사회에서 살고 있으니까.

60년도 더 전에, 데일 카네기는 "어떤 바보라도 비판하고, 비난하고 불평할 수 있다. 그리고 대부분의 바보가 그렇게 한다"라고 했다. 이 말이 오늘날에도 진실로 들리는 것은 참으로 슬픈 일이다. 우리는 매일 다양한 곳에서 쏟아지는 부정적인 것들을 접하고, 그것의 영향을 받는다. 하지만 나는 낙관론자이며 동시에 가르치는 사람으로서 굳게 믿는다. 마음만 먹는다면 우리는 얼마든지 말하는 습관과 패턴을 바꿀 수 있다고 말이다.

좋은 점을 찾고, 그것을 칭찬해야 할 이유를 찾는 일은 스스로에게서 훈련할 수 있다. '나의 좋은 점은 무엇인가, 왜 그것을 칭찬해야 하는가.' 그렇게 한다면 우린 모든 사람이 다른 사람을 칭찬하는 멋진 상황이 벌어질 수도 있다. 다른 사람을 기분 좋게 하기 위해서는, 우리 스스로에게도 그렇게 하지 않으면 불가능하니까. 그리고 그렇게 할 수 있는 방법은 무궁무진하다.

서른 가지 사려 깊은 것에 대하여

앞서 나는 말로 상처를 입히고, 공격하고, 다른 사람을 깎아내리는 몇 가지 원칙들에 대해 썼다. 여기서 우리는 한 가지 사실을 더듬어보자. '말은 선택하는 것'이라고 했던 것. 우리는 긍정적이고 삶을 지지해주는 말을 자유롭게 선택할 수 있다. 그리고 상대방을 공격하는 것보다, 기분 좋게 만드는 방법이 더 많을 것이다.

나의 이론을 시험해보기 위해 나는 10대 및 성인 학생들 모두에게, 내 워크숍의 교사들에게, 비행기에서 만난 사람들에게, 그리고 친구들에게 다음과 같은 질문을 하곤 했다.

"우리 자신과 다른 사람들을 기분 좋게 만들어주는 말에는 어떤 것이 있을까요?"

수년 간 그들은 '사람들을 기분 좋게 해주는 사려 깊은 것 서른 가지'라고 알려진 것들을 말해주었다. 나는 처음 그 말들에 '유쾌한 선택'이나 '놀라운 효력을 발휘하는 말' 등의 닉네임을 붙였지만, 내가 만난 대부분의 사람들이 '사려 깊은 서른 가지 말'이라 부르는 것을 더 좋아했다. 여기 그 서른 가지를 보자.

서른 가지 사려 깊은 말

용기를 북돋아주는 말 | 고마움을 표현하는 말 | 인정해주는 말 | 반가운 인사 | 칭찬 | 축하 | 가르치고 교훈을 주는 말 | 편안하게 해주는 말 | 격려 | 응원하는 말 | 묻고 관심을 보여주는 말 | 관계를 개선하는 말 | 웃게 만드는 말 | 믿음과 확신에 찬 말 | 좋은 소식 | 존중 | 상냥한 말 | 이해와 공감을 보여주는 말 | 찬성하는 말 | 초대하는 말 | 예의 바른 말 | 충고와 상담하는 말 | 사과 | 용서 | 도움을 주는 말 | 진실된 말 | 좋은 점을 지적해주는 말 | 애정이 담긴 말 | 가치 있는 말 | 사랑을 전하는 말

우리의 가장 깊은 자극은 무엇인가

지지해주는 말이 얼마나 강력한 작용을 하는지에 대해 내가 처음으로 알게 된 것은 앞서 말한 팀이 내 삶에 들어오고 난 1970년 초였다. 팀은 항상 가는 곳마다 좋은 느낌의 흔적들을 남겨놓았다. 그의 말은 인간의 가장 기본적 욕구인 '내가 중요한 사람임을 느끼고 싶다'는 욕망을 충족시켜주었다. 그는 사람들이 자신의 삶을 '특별하게' 느끼도록 했다. 사람들은 항상 그와 가까이 있고 싶

어 했고, 나는 그러한 그의 '특별한 재능'을, 또 그렇게 보이는 방법을 배우고 싶었다.

나는 내 말과, 인간관계 기법을 향상시켜야 했기 때문에 팀을 완벽한 역할 모델로 생각했다. 그리고 내가 배운 기법들을 다른 사람에게도 가르쳐주고 싶었다. 그래서 지난 30년이 넘는 동안 여러 사람을 관찰한 결과와 인터뷰를 통해 '지지해주는 말'의 영향에 대해 정보를 모아왔다. 이 연구 결과가 '정밀하고 과학적'이라고 주장할 수는 없지만, 아이들과 어른들 모두에게서 얻은 수백 가지의 이야기는, 적절한 때에 한 적절한 말이 얼마나 강력하고 오래 지속될 수 있는지를 끊임없이 확인시켜주었다.

사람들은 '긍정적인 말이 삶에 얼마나 큰 힘을 발휘하는지'를 잘 보여주는 빛나는 사연을 가지고 있었고, '사려 깊은 서른 가지 말' 중 여러 가지가 반복되어 나왔다. 그중에서 나는 특히 두드러졌던 다음 세 가지를 이야기하려고 한다.

묻고 관심을 보여주는 말

이것은 다른 사람을 지지해주는 가장 간단한 방법이지만, 동시에 가장 지나쳐버리기 쉬운 것이기도 하다. "당신은 요즘 어떠 무엇을 칭찬하든지 그것은 멋진 일이다.
모든 창조물은 칭찬에 반응한다,
그리고 기뻐한다.

—찰스 필모어 *Charles Fillmore*

세요?" 하고 질문하는 건 얼마나 간단한 일인가? 이 말 한마디는 "당신에 대해 좀 더 알고 싶어요! 당신은 소중하니까요"라고 말하는 것과 같다. 우린 너무나 자주 '누군가 내게 그렇게 물어왔으면, 내게 관심을 보여줬으면…' 하고 기다리기 때문에 그냥 지나치기 어렵다. 그것이 인간의 본성이다. 사람들은 자기 자신이 얼마나 중요한지, 즉 누군가가 실제로 자신에게 관심이 있는지를 알고 싶어 한다. 그리고 단 몇 가지 간단한 질문으로 그렇게 느끼도록 해줄 수 있다는 것은 실로 놀라운 일이 아닌가.

카네기는 자신의 책《친구를 얻고 사람을 움직이는 카네기 인간관계론How to Win Friends and Influence People》에서 뛰어난 인간관계 기법의 여섯 가지 원칙을 제시했다.

· 다른 사람에게 진심으로 관심을 가져라.
· 미소를 지어라.
· 한 사람의 이름은 그 사람에게 다른 어떤 말보다 달콤하고 중요한 소리라는 것을 기억하라.
· 잘 들어주는 사람이 되어라. 다른 사람에게 그에 관한 이야기를 해서 용기를 북돋아주라.
· 다른 사람이 흥미를 가지는 이야기를 하라.
· 다른 사람에게 '그들이 중요하다'고 느끼도록 진심을 다하라.

카네기의 원칙 중 두 가지는 '비언어적'이라는 데 주목하라. 즉 미소와 들어주기는 어떤 대화든 풍부하게 해주는 강력한 커뮤니케이션 기법이다. 이를 제외한 나머지는 모두 대화하고 있는 사람에 대해 좀 더 관심을 두는 것에 초점을 두고 있다. 이는 '내가 진심으로 당신에게 관심을 가지고 있어'를 보여주는 질문을 통해 가능하다. 질문의 대답은 또 다른 질문을 이끌어내고, 마침내 그들이 정말 중요하게 여겨지고 있다는 느낌을 갖게 만들 테니 말이다. 그러나 슬프게도 너무 많은 사람이, 이 질문들에 가치가 없다고 느낀다. 즉 그것들이 중요하지 않다고 느끼는 것이다. 그러나 몇 가지 질문이 이 생각을 바꾸어놓을 수 있을 것이다. 카네기는 말했다. "다른 사람들이 즐겁게 대답할 수 있는 질문을 하라. 그들이 성취한 것에 대해 얘기하도록 용기를 북돋아주라."

빅토리아 여왕의 손녀인 마리 루이제 공주는, 1980년대에 영국에서 몇 명의 유명하고 힘 있는 사람들을 만났다. 그중 두 사람이 국무총리를 지낸 벤저민 디즈레일리Benjamin Disraeli와 윌리엄 글래드스턴William Gladstone이었다. 어느 날 그녀는 두 사람의 저녁 만찬에 각각 초대를 받아 다녀온 후, 두 사람이 그녀에게 한 말의 차이에서 받은 인상에 대해 이렇게 말했다.

"글래드스턴 씨 맞은편에 앉아 저녁 식사를 한 후 그의 방을 나오면서, 나는 그가 영국에서 가장 현명한 사람이라고 생각했어요.

그러나 디즈레일리 씨의 맞은편에 앉은 후에는, 내가 영국에서 가장 현명한 사람이라는 생각이 들었죠."

용기를 북돋아주는 말, 격려

다른 사람을 북돋아준다는 것은, 문자 그대로 '용기를 주는 일'이다. 적절한 때에 건네는 좋은 말은 종종 '가장 긍정적이고, 삶을 지지해주고, 오래도록 지속되는' 선물이 될 수 있다. 역사책과 위인전에는 위대한 업적을 이루고, 다른 이의 삶을 고양해준 훌륭한 사람에 대한 이야기로 가득하다. 그리고 우리는 알 수 있다. 그렇게 위대한 사람들은 항상 누군가에게서 먼저 격려를 받고, 용기를 얻었다는 사실을. 그들의 배경에는 분명 부모나 친척, 친구, 동료, 선생님, 목사님, 조언자, 코치, 또는 그들을 믿어주고 그들과 명쾌한 의사소통을 하는 또 다른 사람들이 있었다. 이것이 바로 리차드 데보스가 '긍정적인 후원보다 더 강력한 것은 없다'고 말한 이유인 것이다! 그는 아마도 사업계에서 스스로 위대한 성공을 향해 가는 동안 이를 경험하지 않았을까.

나는 열두 살 때 위인전에 사로잡혔고, 그것은 가치 있고 즐거운 경험이었다. 그것은 내게 '격려의 힘'에 대해 가르쳐주었다. 내가 마음을 빼앗겼었던 첫 번째 위인전은 '토머스 에디슨'의 전기였는데, 그 안에는 내가 결코 잊을 수 이야기 하나가 들어 있었다.

알다시피 에디슨은 일찌감치 학교를 그만두었다. 오늘날 말하는 '주의력결핍 과잉행동장애', 즉 그 당시에는 아무 명칭이 없던 장애를 가지고 있었다. 그의 선생님은 그에게 부정적이고 파괴적인 꼬리표를 박아두었다(적어도 내 생각에, 이는 선생으로서 해야 하는 행동과 정반대되는 행동이다). 설상가상으로 그녀는 아이들 앞에서까지 에디슨에게 꼬리표를 붙였고, "에디슨의 머리는 뒤죽박죽이야"라고 말하며 그를 무시했다. 이는 항상 엉뚱한 생각만을 했던 에디슨의 머릿속이 혼란스럽다는 의미였는데, 이후로 아이들은 에디슨을 '뒤죽박죽'이라고 불렀다. 에디슨의 어머니는 결국 이 부정적인 별명이 주는 피해가 심각하다는 것을 이해하고, 그를 집으로 데려왔다. 그녀는 집에서 아이를 교육하면서, 항상 용기를 북돋아주었다고 한다. 그녀는 아들의 천재성을 보았고, 아들에게 어머니가 본 것을 얘기했으며, "넌 큰사람이 될 거야"라고 격려해주었다. 생애가 끝날 때, 에디슨은 그에 대한 어머니의 믿음과 격려에 대해 고마워했다.

이 이야기는 역사를 통틀어 '격려'에 대해 말할 수 있는 수많은 이야기 중 하나이다. 만약 '격려해주는 말'에 대한 더 많은 이야기를 읽고 싶다면, 말로 토머스Marlo Thomas의 《나를 바꾼 그때 그 한

마디The Right Words at the Right Time》이라는 책을 보길 바란다. 이 타고
난 재능을 가진 여배우는, 누군가의 격려로 인해 극적으로 성공한
110명의 명사에 대한 이야기를 하고 있다. 미안하게도 나는 어떤
명사에 대한 이야기는 알지 못한다. 하지만 친구나 친척의 말 때
문에 삶이 변화된, 수백 명의 역사 속의 인물과 평범한 사람들을
알고 있다.

토머스는 겨우 열일곱 살 때 '삶을 지지해주는 말'이 가지는 힘
에 매료되기 시작했다고 말한다. 그녀가 배우 일을 시작하면서 허
우적대고 있을 때, 그녀의 아버지는 아주 적절한 말을 해주었고,
그것은 그 당시 그녀의 삶을 변화시켰을 뿐 아니라 오래도록 영향
을 미쳤다. 아버지의 말은, 후에 그녀가 책을 쓰는 데 중요한 격려
가 되었다. 그녀는 '아마 내가 알고 존경하는 모든 사람이 이와 비
슷한 이야기를 가지고 있을 것이다'라고 책을 끝맺었다. 그녀가 옳
았다. 어느 잡지에서, 그녀는 자신이 책을 쓴 이유에 대해 이와 같
이 말했다.

"우리는 삶에서 갈림길을 만났을 때, 그리고 그다음에 무엇을
해야 할지 확신이 서지 않을 때 어려움을 겪는다. 그러면 누군가가
다가와서 그것을 극복할 수 있는 적절한 말을 해준다."

그녀는 이 말을 통해 우리에게 가르쳐준다. '적절한 말은 어렵고
위급한 순간을 극복하게 해줄 뿐 아니라, 우리 마음속에 남아 삶

의 마지막까지 함께한다'는 것을.

칭찬하고 존중하고 고양시켜주는 말

자, 우리의 삶을 둘러보자. 모든 사람들이 '난 중요해'라고 느끼고 싶은 기본적인 욕구를 채워줄 수 있는 기회가 얼마나 많은가? 우리는 칭찬해줄 수 있고, "와우, 어떻게 이 힘든 일을 해냈죠?" 하고 인정해줄 수 있고, 상대가 얼마나 고마운 존재인지 말해줄 수 있고, 축하해줄 수 있고, 수많은 방법으로 존경을 표할 수 있다. 즉 우리는 겉치레 없이, 누군가에게 '지지해주는 말'이라는 전혀 기대하지 않은 선물을 줄 수 있다. 그것은 즐겁고, 단지 짧지만 강력한, 혹은 영원히 지속되는 잔잔한 효과를 줄 수 있다.

여기서 우리가 해야 할 일은 아주 간단하다. 지그 지글러가 제안했던 '좋은 점 찾기'를 좀 더 자주 하고, 그것에 대해 몇 분 동안 말하는 시간을 가지는 것이다. 우리를 둘러싼 모든 장소에서, 우리가 살고 있는 모든 장소에서, 우리는 이 기회를 가질 수 있다. 우리의 주변에는 동료, 학생, 가족, 그리고 매일 우리를 다양한 방법으로 도와주며, 우리에게서 좀 더 긍정적인 피드백을 받고 싶어하는 많은 사람이 있다. 사실, 너무 많은 사람이 그 말에 굶주려 있다.

식당에서 맛있는 식사를 한 후, 요리사에게 다른 사람이 말하는 것을 들었거나, 혹은 당신이 이런 말을 해본 적이 있을 것이다. "요리사에게 오늘 음식이 너무 좋았다고 전해주세요"라는 말이 셰프들에게 남겼을 좋은 기분의 흔적은 아마도 쉽게 사라지지 않을 것이다. '칭찬의 말'은 말하고, 쓰는 데 몇 분도 걸리지 않는다. 하지만 그 말은 듣는 사람에게로 가 오랜 기억으로 남을 것이다.

칭찬의 말은 언제나 서로에게 이득이 된다

이 장 시작 부분에서, 존 템플턴 경은 '칭찬을 하는 것은 그것을 받는 것과 똑같이 멋진 일'이라고 했다. 아마도 이것이 '받는 것보다 주는 것이 더 낫다'라는 속담이 전해오는 이유가 아닐까.

나의 책 《인생의 목적》의 마지막 페이지에 나는 이런 말을 썼다. "인간이기 때문에 우리는 선해야 한다." 이는 아마 내가 하게 될, 뜻깊은 말과 가장 가까운 말이리라.

칭찬하는 말과 질 높은 삶을 사는 것에는 직접적인 관련이 있지 않을까. 다른 이에게 호의를 베푸는 가장 좋은 방법은, 그가 가장 좋아하는 것을 가져다주는 것이다. 그리고 이것은 우리가 항상 '정직하고, 진심 어린 칭찬을 할 때마다' 이루어진다. 수많은 반대되는 메시지가 우리에게 쏟아지더라도, 우린 주고받는 것에 대한 이 오래된 속담을, 그 속에 담긴 지혜를 기억해야 할 것이다.

누군가를 기분 좋게 만들었다는 것을 알게 됐을 때, 우리 또한 더 기분이 좋아지지 않을까? 그것은 아마도 스티븐 코비Stephen Covey가 '우리가 가진 가장 좋은 습관 중 하나는, 우리 삶에서 다른 사람과 함께 서로에게 이익이 될 수 있는 상황을 만들고 찾아보는 것'이라고 말한 이유일 것이다. 기억하라! 인정해주는 말, 칭찬하는 말은 항상 그렇게 할 수 있다는 것을.

진심 어린 칭찬을 받았을 때 좋은 감정을 느끼지 않을 수 없다.

더 중요한 것은, 좋은 감정 없이 진심 어린 칭찬을

해줄 수도 없다는 것이다.

–

지그 지글러 *zig ziglar*

진실한 감사의 말
문제를 해결하는 가장 강력한 힘

～～

대부분의 미국인들이 '공공 예절'이라는 표현이
모순된 용어가 되었다고 느끼는 것 같다.

월 스트리트 저널 *The Wall Street Journal*

우리의 예절에게
무슨 일이 일어난 거지?

앞서 사람들이 가장 듣기 싫어하는 네 개의 목록 중 하나가 '무
례하고 남을 배려하지 않는 말'이었다. 우리는 수년 동안 이러한
문명의 위기를 겪어왔다. 어떤 사람들은 이를 '하찮은 병'쯤으로
생각하지만, 어떤 사람들은 이를 전염병이라고 생각한다. 중요한
건 대부분이 이것이 '문제'라는 데 동의한다는 점이다. 나는 대상

이 학생이든, 교육자든, 학부모든, 혹은 경제계 인사든 관계없이, '언어'에 대해 이야기할 때는 항상 다음 질문을 먼저 건네고 강의를 시작한다.

"자, 여기 나오는 단어들을 보세요. 여러분은 살면서 어떤 말을 듣고 싶나요?"

· 정중한, 공손한, 예의 바른, 친절한, 사려 깊은, 우아한, 점잖은
· 무례한, 버릇없는, 거친, 상스러운, 불결한, 성난, 비열한

예상했듯이 압도적으로 많은 사람들이 '가장 듣고 싶어 하는 말'로 앞서 제시된 단어들을 선택했다.

나는 이어서 네 개의 추가 질문을 했다. 먼저 "여러분 중 두 번째 박스에 있는 단어들을 들어본 사람 있나요?"라고 질문하자, 모든 사람이 손을 들었다. 두 번째로, "여러분 중 자신은 두 번째 박스 안에 있는 단어들을 너무 많이 들었다고 생각되는 사람 있나요?"라고 묻자, 또 대부분의 사람이 손을 들었다. 다음 세 번째 질문, "여러분 중 두 번째 박스 안의 단어들을 사용하는 사람이 있나요?" 그러자 성인 중에서 몇 사람이 손을 들고, 학생 중에서는 상당히 많은 수가 손을 들었다. 다음 마지막으로 "여러분 중 자신의 입에서 나오는 단어들을 자유롭게 선택할 수 있는 사람은?" 하

고 묻자, 약간의 머뭇거림이 있은 후에 모든 사람들이 손을 들었다. 아마도 조금은 생각할 시간이 필요했을 테니까.

만일 첫 번째 단어들이 더 낫고, 그래서 모두가 두 번째 단어들보다 첫 번째 것들을 더 자유롭게 선택할 수 있다면, 왜 우리에게 문제가 생기는 걸까? 그에 대한 몇 개의 이론이 있다. 하나는 연예산업이 비열하고 천박한 언어를 쏟아부었을 뿐 아니라, 그것을 미화시켰다는 것이다. 유명한 운동선수, 영화배우, 가수들이 이러한 언어를 사용하면 왠지 그럴듯해 보이고, 때론 근사해 보이기까지 하기 때문이다.

다른 하나는 더 많은 사람이 스트레스를 받고, 바쁘고, 좌절감을 느끼고, 화가 날수록, 자기 자신을 거친 언어로 표현하는 경향이 있다는 것이다. 또 하나는 우리 문화의 지속적인 퇴보를 보여주는 것이라는 이론이다. 도덕적 규범은 1960년대 후반 이래 해마다 낮은 곳으로 가라앉고 있으니까.

몇 해 전 〈U. S. 뉴스&월드 리포트〉 보도에서는 '면전에서 막말하기'라는 제목의 머리기사가 실렸다. 부제목은 '훌륭한 예절에 무슨 일이 일어났는가?'였는데, 어떻게 버릇없고, 무례하고, 비위 상하는 행동이 훌륭한 예절을 대신하게 됐는지, 왜 그것이 정치와 문화를 손상시키는지에 대한 내용을 담고 있었다. 그리고 한 설문을 통해, 미국인들의 대다수가 그것이 심각한 문제라고 생각하고 있고, 이런 행동은 최근 10년간 더욱 악화되었으며, 이런 풍토로 인해 다른 사람을 존중으로 대하는 가치가 손상되고 있다는 것을 보여주었다. 그러나 99퍼센트의 미국인이 설문을 통해 '자신의 행동은 예의 바르다'고 말했다. 정말 아이러니하지 않은가.

우리는 이 문제를
어떻게 해결할 수 있을까

대부분의 사람이 '무례한 언어'의 사용이 증가하는 것이 문제라고 생각한다. 그러나 그것을 가장 훌륭하게 설명하는 이론을 찾기 위해 노력하는 대신, 또 그 문제가 얼마나 심각한지를 측정하는 대신, 혹은 그것이 우리를 어디로 이끌지 알아내려는 노력 대신, 우린 그보다 더 중요한 무언가를 해야 한다. 그렇다, 해결책을 찾는 것이다. '더 이상 그러지 않기 위한 해결책'을 말이다. 1장의 첫 페이지에서 얘기했듯, 나는 그 해결책을 찾는 데 아주 긍정적인 생각을 갖고 있다. 그리고 나는 많은 사람들과 함께, 사회를 위해 예의 바르고 정중한 언어를 복원하기 위한 기나긴 길을 갈 수 있으리라는 믿음을 가질 만큼 낙관적이기도 하다.

나는 강의를 시작한 첫해에, 문제를 해결하는 데 필요한 매우 유용한 교훈을 얻었다. 처음 가르치는 일을 시작하자, 학교의 여기저기에 흩어진 잘못된 점들만이 눈에 보이기 시작했다. 그래서 상관인 교장 선생님을 찾아가 그 불평불만들을 마구 쏟아내었다. 정확하게 무슨 내용인지는 기억나지 않지만, 교장 선생님의 반응만큼은 생생히 기억한다. 그리고 결코 그것을 잊어본 적이 없다. 그는 이렇게 말했다, 그것도 아주 훌륭한 방식으로.

"그것이 문제가 될 수 있다는 점에는 동의합니다. 그런데 당신은 문제의 한 부분이 되고 싶은가요, 아니면 해결의 한 부분이 되고 싶은가요. 어느 쪽이 되길 원하십니까?" 질문에 대한 대답 대신, 우린 상당히 많은 이야기를 나누었고, 서로의 입장을 이해하고 감싸주게 되었다. 그리고 실제로 그 문제도 해결할 수 있었다. 결국 문제에 대해 불평불만을 늘어놓는 것은 아무 도움이 되지 않았다. 어떻게 해결할 것인가, 그것을 찾는 것만이 도움이 되었다.

몇 년 후 나는 모건 스콧 펙Morgan Scott Peck의 《아직도 가야 할 길 The Road Less Traveled》에서 한 감명 깊은 구절을 읽었다. 그것은 '문제를 선택할 것인지, 해결책을 선택할 것인지'를 일깨워주었다. 스콧 펙은 책 속에서 "인생은 일련의 문제들의 연속이다. 우리는 그 문제들을 붙들고 한탄하기를 원하는가, 아니면 그것을 해결하기를 원하는가?"라고 말하면서, "문제들은 용기와 지혜를 만들어낸다"라고 덧붙여 말해주었다.

불평불만을 늘어놓는다고 얻어지는 게 뭘까? 용기? 지혜? 사람들이 "우리 사회는 요즘 엉망이에요. 얼마나 타락했다고요. 정말 살 수가 없어요, 망할 놈의 세상!" 하고 투덜거릴 때마다, 나는 그들에게 내가 교장 선생님에게서 받았던 똑같은 질문을 던지고 싶다. 나는 그들의 한탄과 투덜거림이 오히려 그들의 문제를 악화시키게 될까 걱정된다.

문제 속에서 긍정적인 미래를 본다

유대인인 '마틴'은 예절에 관해서라면 둘째가라면 서러울 만큼 일류 전문가 중의 한 명이다. 사실 그녀는 '그녀를 모르면 간첩'일 정도로 유명하지만, 그녀의 진짜 이름을 아는 사람은 거의 없다. 그녀는 대부분 필명인 '미스 예의범절'이라는 이름으로 알려져 있기 때문이다. 지혜와 상식을 두루 겸비한 그녀는 매주 전국의 주요 신문에 칼럼을 기재할 뿐 아니라, 사회적 관습에 대한 건전한 조언을 하는 것으로도 명성이 자자하다.

그녀는 많은 사람이 '문제'를 예민하게 인식하는 모습을 보면서, 오히려 긍정적인 점을 발견한다. 문제를 인식했다는 것은 곧 그것을 해결할 실마리를 찾은 것이나 마찬가지라 생각하기 때문이다.

그녀는 "문제가 발견되었기 때문에, 나는 어떤 희망을 보게 된다"라고 말한다. 또한 그녀는 "우리는 이제 막 바닥을 벗어나기 시작했기 때문에 더 떨어질 곳은 없다. 단지 그냥 올라가기만 하면 된다"라고 지적한다. 우리는 '사회의 문제'가 되는 것들을 먼저 깨달았기 때문에, 즉 문제 해결을 위한 첫 단계를 밟았기 때문에, 이제 해결책만 찾으려 한다면 적어도 위쪽으로 이동할 수 있다는 것이다.

당신은 러티샤 볼드리지Letitia Baldrige란 사람을 아는가? 〈타임〉에서는 그녀를 '미국의 앞서가는 예의범절 조정자'라고 불렀다. 그녀는 파리와 로마에 있는 미국대사관에서 근무했으며, 재클린 케네디의 백악관 주요 참모였다. 또한 그녀는 예의범절, 기업 운영, 그리고 인간의 행동에 관한 많은 책을 집필했다.

그녀도 '미스 예의범절'과 마찬가지로 '희망'을 본다고 말한다. 그녀는 "실제로 상대를 공격하기 위해 무례한 언어를 사용하는 사람은 거의 없어요. 단지 그게 일상이 돼버렸기 때문에, 습관적으로 그런 언어를 사용하는 거죠"라고 말하면서, "젊은 사람들이 예절과 언어에 대해 올바른 방향으로 나아갈 수 있도록 도와주기 위해선, 가정과 학교에서 더 많은 노력을 해야 합니다"라고 제안한다.

정신과 의사 스콧 펙과 사회학자 아미타이 에치오니Amitai Etzioni 두 사람은 동시에 말한다. "만약 우리가 공공시설과 공동체 속에서 '친절한 말'을 특별히 강조한다면, 아마 우리는 좀 더 영양이 풍부한 환경을 만들 수 있을 겁니다"라고.

이어 펙은 자신의 책 《새로운 세상: 예절의 재발견A World Waiting to be Born: Civility Rediscovered》에서 "우리는 예절의 의미를 재정하고 부활시킬 필요가 있다. 그것은 우리 사회를 치유하기 위해 필요하기 때문이다. 그리고 모든 사람이 잊고 있는 '인간이 되는 것'의 영예를 일깨워주기 위해 공공기관은 많은 일을 해야 한다"라고 말했다. 또 에치오니는 《새로운 황금률The New Golden Rule》이라는 자신의 책에서 이렇게 저술했다.

우리는 우리가 살고 있는 공동체와 사회에 대해 더 많이 생각해봐야 한다. 그리고 자신이 가진 선입관에서 벗어나기 위해 더 많이 노력해야 한다. 나는 언론의 자유가 존중되어야 한다고 생각하지만, 언어를 사용해 공격적인 독을 품어내는 공동체의 구성원이 있다는 사실을 알아야 할 권리 또한 있다고 믿는다.

무엇이든 이루어지는 마법의 주문

얼마 전 우체국에 간 일이 있었다. 대기 줄에 서서 내 차례를 기다리는 동안 한 장면을 관찰하게 되었다. 내 앞 사람의 차례가 되자, 우체국 직원이 공손하게 인사를 하며 물었다. "선생님, 무엇을 도와드릴까요?" 그러자 그는 다소 공격적인 태도와 음성으로 "우표 한 통 줘요"라고 대답했다. 직원은 그에게 우표를 건네면서, "제가 더 도와드릴 일은 없을까요, 선생님?" 하고 다시 물었다. 그러자 똑같은 태도와 음성으로 "빠른 우편으로 보낼 편지 봉투 두 개만 주슈" 하고 말했다. 직원은 역시 미소 띤 얼굴을 한 채로 봉투를 내주었다. 그가 우표와 편지 봉투를 받고 현금을 지불하자, 직원은 그에게 영수증을 건네주며 "감사합니다, 손님"이라고 말했다. 그는 대답도 없이 뒤돌아서 걸어 나갔다.

유감스럽게도 우리는 일상생활에서 이런 모습을 너무도 많이 경험하고 있다. 물론 이는 지독히 '끔찍한 일'은 아니다. 단지 '무례한 일'일 뿐. 그러나 이런 무례한 일은 놀랍게도 너무나 자주 일어나고 있다. 난 단지 지난 며칠 동안 겪은 아주 일상적인 일 중 하나를 얘깃거리로 선택한 것뿐이다. 아주 전형적이지만, 거의 들을 수 없는 "부탁드립니다"와 "감사합니다"란 말. 이 말은 이제 우리의 일상 속에서 거의 사라져버린 건 아닐까.

선생님이 된 후, 처음 20년 동안 나는 "부탁드립니다"와 "고맙습니다"라는 말을, 자연스럽게 예절의 기둥으로 세웠다. 따라서 학생들이 내게 뭔가 질문을 할 때에도 항상 그러한 마법의 말로 시작

친절한 입은 친구를 많게 하고,
적을 누그러뜨린다.
우아한 입술은 다정한
환영의 말을 불어넣는다.

—시라크 금언

했다. 그들은 상냥한 말투로 "제가 ~을 부탁드려도 될까요?"라고 질문을 했다. 그리고 자신이 바라는 물건이나 뜻밖의 물건을 받았을 때는 항상 공손하게 "정말 감사합니다"라고 말했다.

세월이 흘러 이젠 시대가 변했다. "제가 ~을 부탁드려도 될까요?"는 이제 "난 ~이 필요해"라는 요구의 목소리로 변해버렸다. 그리고 상냥한 목소리의 "감사합니다"라는 말은 이렇게 아무런 말도 하지 않는 것으로 변했다.

그 이후로 나는, "난 ~이 필요해"와 "~ 좀 주슈(우체국의 그 손님처럼)"라는 말을 모든 연령대의 사람에게서 지나치게 자주 듣게 되었다. 우리의 아이들에게 예절에 대한 뭔가 심각한 결점이 생겨버린 건 아닐까? 아니, 아니다. 그들을 탓하지는 말자. 아이들은 항상 당대의 어른들의 세계에 영향을 받기 마련이니까.

1987년 무렵, 나는 새 학기를 시작할 때부터 '언어'의 중요성을 강조하면서, 예절에 관한 사전 대책을 마련하기로 결심했다. 이는 내가 가르치는 고등학생들과 대학생 모두에게 해당되는 일이었다. 대학생들은 대부분 전문 학위 과정에 있는 30~40대 사람이었는데, 두 계층 모두 이런 나를 '과거의 좋은 시절로 돌아가려는 늙고 완고한 구세대'로 여기지나 않을까 너무 걱정이 되었다. 따라서 '그 주제를 가지고 어떻게 그들에게 접근해야 하는가'가 중대한 고비였다.

나는 먼저 학생들에게 물었다. "여러분에게 '강의실의 분위기'가 중요하다고 생각하나요?" 그러자 모두들 그렇다고 대답했다. 그리고 다시 물었다. "여러분은 '황금률'이 무엇인지 알고 싶은가요?" 그러자 몇몇은 알고 싶다고 했으나 대다수는 "아니요"라고 대답했다. 마침 나는 황금률에 대한 열네 가지 견해를 담은 복사물을 들고 있었다. 이것들은 역사 속에 존재했던 다양한 철학자, 종교지도자, 정치인의 견해가 담긴 것이었다. 본질적으로 그들은 모두 같은 것을 말하고 있었다. "다른 사람들이 자신에게 대접해주었으면 하는 방식대로 그들을 대접하라!"

복사물을 나누어준 후 학생들에게 다시 "'윈-윈'이 무엇인지 아세요?"라고 물었다. 대부분의 다 큰 성인들은 알고 있었지만, 대부분의 고등학생들은 모르고 있었다. 그러나 그들은 '윈-윈'에 대해 금방 이해했다. 그래서 그들에게 다시 물었다. "만약 우리가 모두 수업 시간에 황금률을 적용한다면, 그 결과는 윈-윈이 될까요?" 그들은 모두 "네"라고 대답했다.

그리고 우리는 예절과 언어에 대해 오랜 시간 토론을 했다. '수업 시간에서조차 예절과 언어가 얼마나 타락했는지'에 대해서까지. 내가 모든 학생들에게 "자신이 처음으로 그 마법의 말(예절의 말)을 배웠을 때에 대한 이야기를 해보자"고 했을 때, 모두들 적극적으로 참여했다. 놀랄 것도 없이 모두들 생생하고 흥미로운 기억들을 가지고 있었다. 토론이 무르익어갈 때쯤, 우리는 모두 동의하고 있었다. '그 마법의 말과, 또 다른 형태의 예절들이 다시 복원되어야 한다'는 것을 말이다.

이렇게 시작된 내 수업을 얼마나 많은 학생들이 고마워했는지 모른다. 내가 깜짝 놀랄 만큼이나 말이다. 고3 학생 중 한 명은 이렇게 말하기도 했다. "우리는 예전부터 이 모든 것들을 알고 있었죠. 하지만 마법의 말이 얼마나 중요한지에 대해선 때때로 일깨워줄 필요가 있는 것 같아요."

뉴욕을 바꾼 한 사람의 위대한 믿음

1970년, 내가 처음으로 뉴욕시를 방문했을 때, 나는 그곳이 이제껏 가본 곳 중 가장 흥미로운 곳이라고 생각했다. 뉴욕에는 최신 기술들이 많아 나의 호기심을 자극했다. 물론 그럼에도 당시 뉴욕은 하향세였고, 내가 본 곳 중 가장 무례한 곳이기도 했다. 그곳에 사는 모든 사람은 마치 벼랑 끝에 선 것처럼 보였고, 그들의 언어는 영화 바깥에서 들은 것 중 최악의 것이었다. 물론 택시 운전사들의 악명이 높긴 했지만, 그들이 더러운 입을 가진 유일한 존재는 아니었다. 다른 방문자들이 그랬듯, 나 또한 '저 사람들은 화가 난 걸까? 무례한 걸까? 아니면 둘 다일까?'라는 인상을 받았다.

더러운 거리와 더러운 언어, 이것은 하나의 패키지처럼 나타났다. 아마 도덕적으로 타락하지 않고는 결코 흥분을 느낄 수 없지 않을까. "그건 우리 도시가 가진 매력의 일부분이죠." 어느 뉴욕 시민이 내게 한 말이다. 그리고 이 말을 덧붙였다. "아주 오랫동안 이런 방식으로 살아왔죠. 그리고 앞으로도 결코 변하지 않을 거고요." 이는 곧 '아마 당신이 여기에 살거나 이곳을 방문하려고 한다면, 그 정도는 감수해야 할걸요?'의 의미였다. 그렇다, 그의 판단은 정확했다. 나는 그 이후로 16년이 넘도록 이 거대한 도시로 연례적인 순회 여행을 떠나는 동안, 선과 동행하는 악을 받아들이는 법을 배웠으니까.

그러나 곧 그의 판단은 정확하지 않은 것으로 드러났다. 뉴욕의 사회 분위기는 변하고야 말았으니까. 그 변화는 아주 극적인 것이었다. '뉴욕시는 깨끗해질 수 있고, 방문하거나 살거나 일하기에 아주 멋진 장소가 될 수 있다'는 믿음을 가진 한 사람 때문에 변화는 이루어졌다. 그 사람이 바로 1994년에 뉴욕시장이 된 '루디 줄리아니Rudy Giuliani'였다.

"자, 이제 뉴욕은 '더럽고 무례한 도시'라는 이미지에서 벗어날 겁니다!"라고 그가 말했을 때, 모두들 콧방귀를 꼈다. 어떤 사람은 '공손한 뉴욕시민'이란 말은 '반어적인 말'이라고까지 했다. 누군가는 비웃었으며, 다른 사람은 "그럼, 그렇고 말고!"라고 비아냥 거렸다.

그러나 뉴욕은 변했다. 깨끗하고, 공손한 도시로! 줄리아니가 그것을 믿었으며, 그것이 모든 이에게 윈-윈이 될 것이라고 다른 사람들을 확신시킬 수 있었기 때문이다. 캐시와 나는 2001년, 거의 10년 만에 그곳을 방문했다. 그리고 우린 우리가 본 것과, 들은 것에 너무도 놀랐다.

"이럴 수가…." 그것은 우리가 상상도 할 수 없는 것이었다. 심지어 택시 기사마저도 친절한 것이 아닌가. 그렇다, 그런 일은 가능했던 것이다.

바른 말을 하는 입은 인생의 샘이다.

입술을 지키는 자는 삶을 지킬 수 있다.

지혜로운 입술은 지식을 넓혀준다.

기분 좋은 말은 영혼을 감미롭게 하고, 몸을 치유한다.

적절하게 사용된 말은 은으로 만든 배경 속의 금사과와 같다.

-

솔로몬 왕

미소 짓게 하는 말
우리의 삶까지도 웃게 하는 힘

~

사람들이 웃고 있을 때,
그들은 대부분 서로를 해치지 않는다.

앨런 알다*Alan Alda*

웃음이 주는 건강한 삶

내가 처음 썼던 책에서, 난 유머에 대한 부분을 완성하기 위해 '웃음이 주는 이로움'에 대한 많은 글을 읽었다. '웃음은 명약이다' 란 오래된 속담은, 이미 많은 의학 연구자들에 의해 진실로 밝혀 졌다. 그중에서도 잘 알려진 문학가인 노먼 커즌스Norman Cousins는 질병으로부터 자신을 치료하기 위해 웃음과 긍정적인 생각을 잘 이용한 사람이다.

그는 《웃음의 치유력Anatomy of an Illness》에서 그 내용을 다루었는데, 이 책은 베스트셀러가 됐고, 지금도 여전히 널리 읽히고 있다. 그는 의학박사 학위 없이 의학을 가르치는 첫 번째 사람이 되었다. 또한 그는 UCLA의 의과 대학에서 학생들을 가르쳤고, 그곳에 '유머 특별 전문 위원회'를 창설했다. 그는 계속해서 '웃음이 건강에 주는 좋은 효과'에 대해 연구하고, 글을 써나갔다. 그가 이 위원회를 창설한 이후로 많은 종사자들이 그의 이론을 증명해냈을 뿐 아니라, 더욱 강화시켜주었다. 자, 여기 최근의 연구 결과를 요약한 것이 있다.

· 면역 체계를 활성화시켜주고 강화해준다.
· 스트레스와 관련된 최소 네 가지 호르몬을 감소시켜준다.
· 더 많은 산소를 들이마시게 하고, 횡격막을 점검해주며, 산소를 이용하는 능력을 증가시켜준다.
· 근육을 이완시켜준다.
· 오래 지속되어온 통증을 상당량 경감시켜준다.
· 혈압을 낮추고 고혈압을 예방한다.
· 폐로 들어온 공기를 완전히 비워줌으로써 호흡을 개선시켜준다.
· 부작용이 전혀 없으며, 처방전 없이 어디서나 이용할 수 있다.
· 돈이 들지 않는다.

당신의 말은 사람들을 웃게 하는가?

자, 이제 우리는 웃음에 대한 두 가지 중요한 점을 알게 되었다. 첫째, 우리가 아주 어린아이 때부터 알고 있던, '웃는 것은 항상 기분을 좋게 해준다'는 것이다. 그리고 둘째, '웃음이 건강에 좋다'라는 사실을 증명해주는 과학적인 증거가 산더미처럼 많다는 사실이다. 이것이 바로 우리가 가능한 한 서로를 웃게 만들어줘야 할 이유가 아닐까? 그렇다면 우리에게, 이렇게 서로를 웃게 해줄 능력이 있을까? 대답은 언제나 "예스!"다. 그러나 오해하지 말기를. 내가 '우린 모두 재미있게 말할 수 있는' 동등한 재능을 가졌다고 주장하는 것은 아니니까. 우리 모두가 로빈 윌리엄스, 에디 머피, 우디 앨런, 혹은 미스터 빈이 될 수 있는 것은 아니다. 하지만 다음에 나오는 몇 가지를 행동에 옮긴다면, 우리도 그들 못지않게 많은 사람에게 웃음을 전해줄 수 있다.

1단계: 곳곳에 숨겨진 유머 찾기

우리는 종종 기대하지 않은 곳에서 웃을 거리를 발견할 수 있다. 자, 둘러보라. 우리 주변은 모두 코미디의 세계가 아닌가? 나는 앞에서 '우리는 모두 좋은 점을 발견하는 사람이 되자, 그래서 뭔가 긍정적인 이야깃거리를 가진 사람이 되자'라고 제안했다. 나는 역시 '웃을 거리를 발견하는 사람이 되라'고 제안하고 싶다. 우리 주위에는 항상 웃음을 주는 것들이 있고, 그것은 충분히 나눌 가치가 있다. 우린 먼저 그것을 찾아내야 한다.

2단계: 찾은 유머 적어놓기

나는 두 개의 유머 폴더를 가지고 있다. 하나는 내 서류 가방 안에 있는데, 나는 여행을 하면서 뭔가 재밌는 것을 보거나, 읽거나, 듣게 되면 항상 그것을 적어서 폴더에 넣어둔다. 또 하나의 폴더는 컴퓨터 안에 있다. 친구들이 인터넷으로 재밌는 자료를 보내주면 나는 그것을 폴더 안에 저장해둔다. 이 두 개의 폴더 안에 얼마나 많은 자료들이 들어 있는지 궁금하지 않은가? 나는 그것을 들여다볼 때마다, '내가 얼마나 많은, 재미있고 건전한 유머의 보고를 가지고 있는가'에 놀라곤 한다.

3단계: 유머 자료 읽기

요즘 쏟아져 나오는 많은 잡지 혹은 갖가지 인쇄물 중에는, 전체 내용이 완전히 유머로만 구성된 것도 있고 한 개의 유머 섹션이 있는 것도 있다. 이뿐 아니라 재밌게 기분을 전환시켜줄 것들을 제공해주는 다양한 인터넷 웹 사이트와 서비스 업체도 많이 있다. 나는 〈좋은 생각〉이나 〈리더스 다이제스트〉 등을 구독하는데, 매일 아침 그것을 열어볼 때마다 가슴이 두근거린다. '오늘은 또 어떤 재미있는 게 나올까?' 나는 그 속에서 적어도 두 개 이상의 즐거운 농담거리를 얻게 된다. 또 많은 신문에는 유머 칼럼이 있다. 그런 유쾌한 글들은 그날의 즐거운 이야깃거리로 매우 유용하다.

4단계: 다른 사람들과 나누기

나는 종종 사람들이 "난 농담 같은 거 할 줄 몰라"라고 말하는 걸 듣게 된다. 마치 텔레비전에 나오는 코미디언이 하듯, 일정한 스타일과 말투가 있는 그런 농담을 우리가 어떻게 할 수 있을까? 우린 분명 그런 것을 기대하는 건 아닐 테다. 대신 우리는 재미있는 이야기를 함께 나눌 수는 있다.

오래전 나는 한 코미디 작가가 '일상 속에서 유머와 웃음이 얼마나 중요한가'에 대해 이야기하는 것을 들었다. "우리는 매일 적어도 다섯 가지 이상 재미있는 것들을 다른 사람들과 함께 나눠야 해요. 어렵게 느껴진다면 이렇게 한번 해보세요. 평소 우리가 편안하다고 느꼈던 농담, 재밌는 얘기, 인용문 등이 있죠? 그걸 찾아서 작은 종이에다 적어놓는 거예요, 키워드만 적으면 되죠. 그걸 핸드백이나 지갑 속에 넣고 다니세요. 새롭고, 더 좋은 걸 발견했을 때는 종이에 그것을 추가하거나 대체하면 되죠."

이는 아주 사소하고 간단한 일이지만, 이 간단한 기술은 우리가 좋은 유머를 찾아보도록 해주는 동시에 그것을 풍부하게 유지할 수 있도록 해준다. 정말 놀랍지 않은가?

우리를 즐겁게 하는 이야기들

앞에서 말했듯 몇 년 동안 나는 재미있는 이야깃거리들을 모아왔다. 이 장, 특히 이 부분에서는 그것들 중 몇 가지를 나누기에 정말 완벽한 곳인 것 같다. 모든 사람이 같은 것에 대해 '재미있다'고 생각하진 않겠지만, 이 유머들 중 대부분은 청중들로부터 테스트를 거친 것이라는 점을 기억해두길. 또, 종이에 쓰인 유머가 때론 말로 하는 유머와 아주 다르기도 하지만, 대부분의 경우 두 가지 방법 모두 통한다는 점도 함께 기억해두길 바란다.

나는 '예기치 않고 의도되지 않은', 즉 자신은 심각하게 한 말이나 쓴 글인데 엉뚱하게도 재미있는 결과를 주는 종류의 유머를 가장 좋아한다. 앞으로 내가 적게 될 유머도 모두 그런 종류일 것이다. 내가 우연히 발견했거나, 독자들이 내게 보내준 것들. 난 당신이 이 유머들을 많은 사람들과 나누기를 바란다.

일상 속 재미있는 에피소드들

1990년대 후반, 난 뉴욕에서 열린 '성격 교육 워크샵'을 진행했다. 워크샵이 끝나고 강의실을 나가려고 하자, 뉴햄프셔에서 온 초등학교 선생인 로빈 게넷이라는 자가 남아서 나를 찾았다. "무슨 일이시죠?" 내가 묻자 그는 "선생님의 강의에서, 수업에 도움이 되는 몇 가지 실질적인 전략을 얻었어요. 정말 감사하단 말씀을 드리고 싶어요"라고 말했다. 그녀는 그 전략을 시도해볼 수 있는 학교를 간절히 찾았고, 그런 학교를 찾게 됐다고 말했다. 나는 그녀에게 주소를 알려주면서, 약 한 달 동안 전략에 대한 피드백을 보내주길 요청했다.

그해 10월, 난 로빈에게서 한 통의 편지와 그녀가 가르치는 3학년 학생들로부터 한 묶음의 편지 다발을 받았다. 그 편지들은 모두 훌륭했는데 그중 한 통의 아주 이채로운 편지를 기억한다. 편지는 이런 식으로 시작됐다. "당신이 뉴욕에서 게넷 선생님에게 무슨 짓을 하셨는지 모르겠지만, 그녀는 확실히 심기가 편해져서 학교로 돌아오셨어요."

빅터 보어지는 일찍이 이렇게 말했다. "웃음은 두 사람 사이의 거리를 가장 가깝게 해준다." 이 간단한 말에 위대한 지혜가 담겨 있다. 우리가 친구에게, 동료에게, 가족에게, 심지어 낯선 사람에게도, 우리는 그들을 기분 좋게 할 수 있는 이야깃거리들이 충분히 많이 있다. 가장 좋은 방법 중 하나는 그들을 웃게 만드는 것이다. 우리 모두가 훌륭한 코미디언일 수는 없지만 즐거운 것을 찾아보고, 발견하고, 함께 나눌 수 있다. 웃음은 인간이 살아남는 데 필요한 도구 중 가장 중요한 것이다.

내가 좋아하고 존경하는 사람들에게서
난 어떠한 공통분모도 찾아낼 수 없다.
그러나 내가 사랑하는 사람들에게서는
한 가지 공통점을 찾을 수 있다.
그것은 바로 그들 모두가
나를 웃게 해준다는 것이다.

–

위스턴 휴 오든 *Wystan Hugh Auden*

3부

단단한 관계를 만드는
말의 힘

말은 문화 그 자체이다.

에르빈 G. 홀 Erwin G. Hall

건강한 의사소통
가족을 하나로 만드는 힘

~~

친밀한 가족이라 해서 반드시 의사소통이 잘 되는 것은 아니다.
그렇게 되려면 일반적으로 시간과 훈련이 필요하다.

닉 스틴넷과 존 데프레인 *Nick Stinnett and John Defrain*

사랑이 넘치는 가정을 만들기 위해서

이 세상에서, 가장 말이 중요하게 사용돼야 할 곳은 어디일까?
빙고! 바로 가정이다. 가정은 어떤 사회에서든지 가장 근본이 되
고, 아이들이 의사소통법과 다른 사람과 상호작용하는 법을 배우
는 첫 장소가 된다. 또한 아이들은 가정에서 '무엇을 말해야 하고,
어떻게 말해야 하는지'를 배운다. 그리고 그것은 가정 속에서도 특
히 부모 혹은 다른 어른들에게서 가장 먼저 배우게 된다. 그들과

가장 자주 접촉하기 때문에.

수년 동안 나는 미국 전역에 걸쳐, 그리고 다른 나라의 다양한 학교와 예배당에서 가족들을 대상으로 발표를 해왔다. 발표의 제목은 항상 똑같다. '올바른 아이를 키우는 부모를 위한 열 가지 제안.' 그리고 그 초점은 항상 '가족이 사용하는 말'에 맞춰져 있다. 내가 부모들에게 전한 가장 중요한 제안은 다음과 같다.

"자녀들과 함께 '질적으로 우수한 시간'을 보내라. 그것이 가정이 아이를 건강하게 하는지, 혹은 역기능을 일으키는지를 결정짓는 가장 중요한 요소이기 때문이다. 그리고 함께 보내는 시간의 질을 결정해주는 가장 중요한 요소는 가정에서 사용되는 말, 즉 가족들이 서로에게 하는 말과 말을 하는 방식이다."

자, 나는 내 발표에서 제안했던 '가정에서 사용되는 말'에 대한 열 가지 방법을 이곳에 적으려고 한다. 이것들은 당신의 가정을 친밀하고, 사랑이 넘치도록 만드는 데 큰 도움이 될 것이다.

방법1: 아이들을 위한 말의 모범답안을 만든다

'커플 사이에서 의사소통하는 법'은 아이들과의 관계에서도 똑같이 적용된다. 그러나 정말 중요한 것! 만약 가정에 아이들이 있다면, 그 아이들의 나이와는 관계없이 서로에게 말하는 방식은 더 중요하게 다뤄져야 한다는 점이다. 당신이 부모라면 항상 인식하라! 당신이 입을 열 때마다 아이들은 당신에게서 뭔가를 배우고 있다는 사실을.

아이들, 특히 작은 아이들은 훌륭한 흉내쟁이다. 누구든 그들의 삶에 많은 영향을 미친 어른들이 있다면, 그들이 한 것을 그대로 한다. 앵무새처럼 그들이 말하는 것을 듣고 그대로 따라한다. 아이들이 한쪽 부모와 살든 대가족과 함께 살든, 아이들은 자신의 언어 패턴을 형성하기 위해 함께 사는 사람들을 보고 듣고 배운다. 따라서 어른들이 아이들에게 혹은 다른 어른에게 전화로 세상을 비판하는 소릴 해댄다면, 아마 아이들은 그대로 그 패턴들을 찾아내고 그대로 말하는 법을 배우게 될 것이다. 어른들이 서로를 욕하고, 깎아내리고, 불평하고, 험담하고, 비판하고, 고함을 지른다면? 물론 아이들도 똑같이 할 것이다. 어른들이 그럴수록 아이들도 점점 더 그렇게 할 것이다. 점점 더 강하게. 내 예를 한번 들어보겠다.

물론 아주 오래전 일, 내가 겨우 초등학교 1학년 때 일어난 일이긴 하지만, 난 아직도 그 일을 생생하게 기억하고 있다. 성미가 급하고 유난히 목소리가 큰 아버지는 가게에서 손님에게 화를 내고 있었다. 너무 화가 난 나머지 아버지는 그 남자를 건물 밖으로 쫓아내면서, "다시는 여기 오지 마시오!"라고 말할 뿐 아니라 덧붙여서 "지옥에나 가버려!" 라고까지 했다.

웃을지도 모르겠지만, 난 그 말이 내가 들어본 말 중 가장 근사한 말이라고 생각했고, 친한 친구에게 그 말을 하고 싶어서 견딜 수가 없었다. 다음 날. 학교 운동장에서 나의 가장 친한 친구 잭이 내게 물었다. "우리 킥볼이나 할까?" 나는 이때다 싶어 말했다. "지옥에나 가버려!" 그는 꽤나 놀라는 눈치였다. 그러나 그 순간 나는 아주 자랑스럽다고 느꼈고, 마치 어른이 된 것만 같았다. 그리고 난 '내 말을 들은 주위 애들이 모두 날 아주 대단하다고 생각할 거야'라고 확신했다.

그러나 내가 '그들은 어떻게 느꼈을까?'를 깨닫기도 전에, 아주 엄한 수녀님인 우리 선생님은 전혀 아무런 감동도 받지 않았다는 것을 알게 됐다. 아니, 오히려 수녀님은 충격을 받았다고나 해야 할까. 그녀는 내게 다가와 "너, 방금 뭐라고 말했지?"라고 물었다. 그리고 내가 대답도 하기 전에 그녀는 단단한 주먹으로 나를 쥐어박았다(이 시절엔 체벌이 있었던 때이므로). 여섯 살이라는 매우 어린 나이임에도 난 알게 되었다. 사람들에게 "지옥에나 가버려!" 하고 말하는 것이 근사한 것이 아닐 수도 있단 사실을. 비록 아버지가 그렇게 말하는 것을 들었다고 하더라도 말이다. 어쩌면 내 이야기는 오늘날 아이들이 듣는 말에 비하면 부드러운 것일지도 모른다.

나는 종종 공공장소에서 부모가 그들의 아이에게 하는 '어떤 말 (차마 거론하기도 뭣한)'을 들을 때면, 몸서리를 치게 된다.

자, 이제 긍정적인 얘기를 적어보겠다. 차마 거론하기도 힘든 말을 입에 담는 부모들이 있는가 하면, 많은 부모들이 '성장기 아이들의 정신에 미치는 말의 영향'에 대해 인식하고 있을 뿐 아니라, 상냥하고, 남에게 도움을 주는 말을 사용하는 법을 가르치기 위해 많은 노력을 기울이고 있다. 좋은 부모는 부부 서로에게뿐 아니라, 아이들에게 말을 할 때에도 자신들의 말투와 톤을 조심한다. 그들은 깨끗하고 점잖은 말을 사용하고, 대부분의 대화는 세상에서 일어나는 좋은 일들에 초점이 맞춰져 있다.

아이들은 그들의 삶 속에서 함께 하는 것들을 배운다.
만약 아이들이 격려를 받으며 자란다면 그들은 신임을 배울 것이다.
만약 아이들이 칭찬을 받으며 자란다면 그들은 존중을 배울 것이다.

—도로시 로 놀테*Dorothy Law Nolte*

아마 이런 어른들은 현재 유용하고 탁월한 육아 서적 중 몇 가지를 읽고 있을지도 모른다. 나는 지난 해 20권이 넘는 육아 서적들을 읽었고, 그 책을 모두 관통하는 공통적인 특징을 발견했다. 그것은 바로 '친절하고 긍정적인 말'이다. 이 말은 아이들이 잘 자

랄 수 있는 가정환경을 만들어주고, 품격 있는 분위기를 조성해준
다. 집 밖에서 무슨 일이 일어나든지, 그리고 오락매체가 어떤 방
송을 하든지, 시종일관 부모의 부드러운 말은 더욱더 강력한 힘을
발휘한다. 그런 말을 하는 힘 있는 부모는, 그 누구보다도 좋은 선
생님이다.

방법2: 당신의 아이들에게 책을 읽어준다

헬렌 R. 리겟Helen R. LeGette은 부모가 가족의 끈을 더 강하게 만
들고, 동시에 아이들에게 건전한 도덕 원칙을 가장 잘 가르칠 수
있는 방법 중 하나가 책 읽어주기라 말하며, 부모가 아이에게 책
을 읽어주는 행위가 얼마나 중요한지 힘주어 강조했다. 그러나 잠
자리에 들기 전, 아이들에게 책을 읽어주기 시작한 부모가 누구
인지는 아무도 모른다. 아마도 아이를 진정시킬 수 없어 좌절감을
느낀 한 엄마가 아니었을까? 그래서 그녀는 책을 꺼내들고 재미있
는 이야기로 아이를 누그러뜨리려고 한 것은 아닐까? 우리는 모두
알고 있다. 이것이 수백 년 전에 시작됐고, 아이와 부모 양쪽 모두
에게 강력한 효과를 발휘한다는 사실을. 그리고 이것은 '아동심
리학자'라는 직업이 생기기도 훨씬 전에 행해졌지만, 수년 동안 아

동심리학자들이 부모들에게 가장 추천하는 일 중 하나다. 그리고 "더 빠를수록, 더 좋다"라고 그들은 충고한다.

몇 년 전, 탁월한 공동체 의식을 바탕으로 위대한 업적을 이룬 몇몇 유명한 사람들을 대상으로 한 가지 조사를 벌였다. 질문 중 하나는 "어린 시절의 경험 중, 어떤 것이 당신 삶에 가장 큰 영향을 주었나요?"였다. 육아에 도움이 되는 풍부한 대답들이 많이 있었지만, 그 중에서도 가장 공통적인 대답은 "부모님이 잠들기 전 내게 책을 읽어주신 거예요"였다.

아이에게 책을 읽어주는 이 간단한 실습의 이점은, 만약 이것이 규칙적으로 행해지기만 한다면 헤아릴 수 없을 정도로 많지 않을까. 그리고 이제 그것은 완전한 연구를 거쳐, 중요한 결과들이 잘 정리되어 있다. 자, 그러면 이제부터 그 이점들을 살펴보자.

첫째, 아이와 부모를 신체적, 감성적으로 결속시킨다. 책을 읽어주려면 부모는 보통 침대에 누운 아이 옆에 붙어 앉아야 한다. 그 때의 신체적 접촉은 아이에게 따뜻함과 안정감을 느끼도록 해준다. 그리고 함께 나누는 이 이야기들은 아이에게 질문과 하고 싶은 말을 이끌어내기 때문에, 서로 간의 대화 시간을 만들어주고, 정서적인 친밀감을 유도해준다.

둘째로, 아이에게 위대한 문학과 교훈적인 메시지가 있는 강력한 힘을 가진 이야기를 접하게 해준다. 당신이 부모라면 아이를 위해 어떤 책을 읽어줄까? 아마도 잘 만들어지고, 긍정적인 성격을 만들어주는 데 초점을 맞춘 메시지가 담긴 고전 이야기를 고를 것이다. 이런 이야기들은 모두 아이에게 큰 감동을 주고, 특히 그들 삶의 후반부에서 이 이야기들은 큰 영향을 준다. 이 멋진 일을 위해 부모가 선택할 수 있는 자료는 얼마든지 있다. 윌리엄 베넷William Bennett의 《명작의 숲The Book of Virtues》에서부터 짐 트렐리즈Jim Trelease의 《하루 15분 책 읽어주기의 힘The Read-Aloud Handbook》, 그리고 워티 파이퍼Watty Piper의 《씩씩한 꼬마 기관차The Little Engine That Could》까지 여러 가지가 있다. 도서관과 서점에도 이런 책들과 다른 주옥같은 이야기 전집들이 수백 가지가 있으니 잘 활용해보길.

다음으로 아이에게 독서를 좋아하는 마음을 길러줄 수 있다. 연구를 보면, 이렇게 책을 접한 아이들은 어른이 되어도 즐거움을 주고 정보를 주는 책을 더 많이 읽는 경향이 있음을 알 수 있다. 독서는 방송매체에서 아이들에게 쏟아지는, 그다지 건전하지 않은 많은 자료들에게서 떼어놓는 해독제 역할을 한다. 아이들은 훨씬 더 좋은 독서가가 될 뿐 아니라, 훨씬 더 상상력이 풍부하고, 견문이 넓은 사람으로 자라난다.

또한 독서는 아이의 학교생활을 성공으로 이끌어준다. '독서추진위원회'에서는 그 주제에 대해 심층적인 연구를 한 끝에 다음과 같은 결론을 내렸다. "부모가 아이들의 학교생활을 성공적으로 이끌어줄 수 있는 단 한 가지 가장 중요한 방법은, 아이들에게 큰 소리로 책을 읽어주는 것이다. 또한 우리 국가가 높은 시험 성적과 교육적 책임을 요구할 때, 부모들은 이 방법을 통해 매우 귀중한 도움을 줄 수 있다."

아이들에게 책을 읽어주는 것은, 이외에도 많은 이점이 있다. 수많은 지식을 얻게 하고, 돈이 적게 드는 오락이며, 의미 있는 대화를 만들어주고, 도덕적인 교훈을 주고, 작문 능력을 향상시키는 등. 우리가 독서를 어떻게 바라보든, 결과는 항상 윈-윈이다.

당신은 보석 상자와 금궤처럼 헤아릴 수 없이 많은 재산을 가졌을 수도 있습니다. 하지만 당신은 절대 저보다 부자일 수 없지요. 저에게는 책을 읽어주시는 어머니가 계시니까요.

—스트리클런드 질리언 *Strickland Gillian*

아버지들을 위한 한마디! 책을 읽어주는 것은 엄마만 할 수 있는 일일까? 당신이 아이들에게 책을 읽어준다면 더할 나위 없이 좋을 것이다. 아니, 제발 그 반만이라도 하라.

방법3: 의미 있는 대화를 갖는다

몇 년 전, '텔레비전 없는 미국'이라 불리는 한 단체에서 미국 가정을 대상으로 광범위한 조사를 했다. 조사의 주요 초점은 '텔레비전을 시청하는 습관'에 관련된 것이었지만, 거기에는 다른 중요한 결과가 있었다. 다음 두 가지 통계를 보자.

· 주당 평균적으로 아이가 텔레비전을 시청하는 시간 : 28시간
· 주당 부모가 아이들과 의미 있는 대화를 하는 시간 : 3시간 30분

어느 나라나 마찬가지겠지만, 최근 미국 가정이 안고 있는 가장 큰 문제 중 하나는 '가족이 함께 지내는 시간이 부족하다'는 것이다. 경제적, 사회적인 다양한 현상 때문에, 이런 문제가 발생하고 있다. 그 결과 가족이 함께 보낼 수 있는 시간은 점점 더 줄어들고, 대화할 시간은 더더욱 줄어들게 되는 것이다.

마음으로 나누는 솔직한 대화보다 가족을 더 하나로 묶어주는 것은 없다. 그러나 불행하게도 이러한 솔직한 대화가 이루어질 가능성은 놀라울 정도로 낮다. 부모는 모든 것에 우선해서, 얼굴과 얼굴을 맞댄 의미 있는 대화의 시간을 가져야만 한다. 그러지 않는다면 가족의 일상은, 밤에 항해하는 배처럼 되어버리고 말 것이다.

요즘 모두 느끼고 있겠지만, 뿔뿔이 흩어져 사는 가족들이 너무 많아서 개인적으로 이야기를 나누기보다는 서로 핸드폰을 통해 이야기하는 경우가 더 많아졌다. 내가 가장 마지막으로 가르쳤던 고등학생들은, 대부분이 일주일 동안 부모를 거의 보지 못한다고 말했다. "아니, 왜 그런 거지?"라고 내가 묻자, 그들은 이런 대답들을 했다. "각자 서로의 일 때문에 쉴 새 없이 활동하고 있으니까요" 혹은 "우리는 모두 뿔뿔이 흩어져 있거든요" 또는 "오, 우린 너무 바빠요"라고.

옛 속담 중에 '우리는 항상 자신을 위해 소중한 것을 할 시간을 찾을 수 있다'란 말이 있다. 대부분의 오래된 속담처럼, 그것 또한 진실이다. 그것이 어른과 어른 사이에서든, 어른과 아이 사이에서든, 가족에게 있어 의미 있는 대화만큼 중요한 것은 없다. 절대 끊을 수 없을 만큼 단단하게 하나로 결합된 가족은, 가족들 사이에서 일어나고 있는 일에 대해 항상 좋은 대화를 나눈다. 이 장의 후반부에서 나는 이에 대한 몇 가지 제안을 하려고 한다.

방법4: 좋은 질문을 한다

당신도 어렸을 때 부모에게서 이런 질문을 받아본 적이 있지 않은가? "오늘은 학교에서 뭘 배웠니?" 아마도 매일, 수백 번 묻고, 듣는 질문일지도 모른다. 더 놀라운 것은 무엇인 줄 아는가? 이 유명한 질문의 거의 99.9퍼센트가 정확히 똑같은 대답을 받게 된다는 것이다. "그냥 아무것도 아니에요." 그리곤 대화는 단절된다.

좋지 않은 질문을 하면 좋지 않은 대답을 얻게 된다는 말이 딱 들어맞는다. 물론, 가정에서는 매일 저녁 '학교에서 배운 것'에 대해 대화해야 한다. 그것은 아주 올바른 주제이다. 하지만 좀 더 의미 있는 대화를 위해서는 좀 더 좋은 질문으로 시작해야 하지 않을까? 나는 부모와 교사들에게 발표를 할 때마다 이 사실을 상기시켜주기 위해 노력한다. "아이들을 양육하고 가르치는 파트너는 바로 당신입니다"라는 것.

그들이 아이들과 좀 더 많은 의사소통을 하려고 할수록, 좋은 질문을 하기는 더욱 쉬워질 것이다. 또한 부모는 학교에서 가르치는 과목들과, 진행되고 있는 다른 프로그램에 대해 알아야 할 책임이 있다. 그래야만 더 좋은 질문과 더 좋은 대답과 훨씬 더 의미 있게 개선된 대화를 이끌어낼 수 있지 않을까? 재밌고, 유익한 정보 또한 줄 수 있고 말이다. 아이들이 그들의 부모에게 재미있는 것(컴퓨터 작동법 같은)을 알려주거나, 뭔가 자신이 알고 있는 것을 이야기하려고 할 때, 그들이 얼마나 좋은 느낌을 갖게 되는지 안다면 아마 당신은 놀랄 것이다.

건강한 가족에게는
건강한 의사소통이 필요하다.

―H. 노먼 라이트 *H. Norman Wright*

방법5: 저녁 식탁에서 그 날을 축하한다

분명하게 짚고 넘어가고 싶은 것이 있다. 가족이 함께 식탁에 둘러앉은 상태가 아니라면, '저녁 식사 시간의 좋은 대화'는 이루어질 수 없음을 명심하라. 불행하게도 이것은 심각하게 악화된 또 하나의 미국 가정의 전통이 돼버렸다. 2000년에 실시된 연구를 보면 '미국에서 규칙적으로 저녁 식사를 같이 하는 가정은 40퍼센트도 되지 않는다'는 것을 알 수 있다. 저녁을 함께 먹는다고 해도 70퍼센트가 텔레비전을 보면서 저녁을 먹는다고 한다. 그러니 가족이 함께 같은 식탁에 있지 않거나, 혹은 텔레비전을 보면서 식탁에 앉아 있으면, 자연스레 좋은 대화가 이루어질 확률은 낮아질 수밖에 없다.

나는 사실 모든 가족이 저녁 식사를 함께하는 시대에서 자랐기 때문에, 내 가정에서도 똑같은 전통을 유지하길 바랐다. 그러나 아이들이 나이를 먹어감에 따라 난 한 가지를 깨달을 수 있었다. '아이들은 가능한 한 빨리 식탁에서 일어나고 싶어 하는구나…' 그들은 음식을 꿀꺽 삼키고 빨리 밖에 나가 놀고 싶어 했다. 하지만 난 저녁 시간은 가족과 함께 해야 할 시간이라고 주장했다. 그리고 우리 아이들은 생각을 짜내는 데 전혀 열중하지 않기 때문에, 그들의 흥미를 끌 만한 주제를 생각해내는 것은 내 책임이었다.

나는 곧 정말로 기발한 아이디어를 하나 생각해냈다. 그것은 '밤의 질문'이란 것이었다. 나는 아이들에게 좋아하는 선생님이 누구인지, 좋아하는 과목은 무엇인지, 좋아하는 운동은 무엇인지 등을 물었다. '밤의 질문'은 2주 정도까지는 그 기발함을 유지하며 계속되었다. 그러나 점점 해야 할 질문이 바닥을 보이기 시작했다. 매일 밤마다 좋은 질문 거리를 생각해내는 일이 점점 더 어려워졌고, 나는 앞으로 수년 동안 이것을 함께 해야 한다는 것을 깨닫게 되었다. '아… 이건 각 과목에 대해 수업 준비를 하는 것보다 더 어려운걸.'

저녁 준비를 하고 있던 어느 날 밤(아마 특별한 요리 중 하나인 핫도그를 만들고 있었을 것이다), 나는 이젠 잘 생각나지 않는 밤의 질문을 만들어내느라 고전하고 있었다. 그러나 아이들은 이미 '밤의 질문'을 좋아하게 되었고, 식탁에 앉자마자 한 놈이 "그래서 아빠, 오늘 밤의 질문은 뭐예요?"라고 물었다. 나는 결국 아이들에게 내 시스템에 결점이 생겼다는 것과(상상력 부족으로), 그래서 질문이 하나도 없다는 것을 인정해야만 했다. 그러나 그 순간 어떻게 이런 생각이 떠올랐는지 모르겠지만, 난 갑자기 이렇게 물었다. "질문 대신, 오늘은 너희들에게 있었던 일 중 가장 재미난 일을 각자 내게 얘기해주는 게 어때? 오늘 일어난 일 중 가장 중요한 게 뭐였지?" 나는 아주 우연히, 그리고 자포자기 상태에서, 난 '마법의 질문'을 찾아낸 것이다!

아이들은 모두 뭔가 재미있고, 가슴 따뜻하고, 또 흥미로운 나눌 거리들을 갖고 있었다. 그들의 이야기가 끝나자 아이들은 내게 "아빠 오늘 일어난 일 중 가장 중요한 게 뭐예요?"라고 물었다. 난 그때 '내가 가르치는 일을 왜 좋아하는지, 왜 그 일을 그렇게 즐기는지 이제야 알 것 같다'고 느꼈고, 아이들에 대해서도 중요한 점들을 많이 알게 되었다. 그리고 무엇보다 가장 좋은 점은 그 마법의 질문은 매일 밤 반복해서 물어볼 수 있다는 것이었다. 새로운 질문을 생각해내기 위해 머리를 고문하지 않아도 됐고, 긍정적인 대답을 보장받게 되었다. 우리는 매일 밤 저녁 식탁에서 그날을 축하했다.

방법6: 아이들이 한 옳은 일을 찾아낸다

믿거나 말거나, 아이들은 잘못을 저지르기보다 옳은 일을 더 많이 한다. 그러나 그들이 더 자주 듣게 되는 것은 어떤 일에 대한 말일까? 당신이 예상하는 것이 맞다. 대부분의 아이들이 그들이 한 서투른 일과 실수에 대해 많은 얘기를 듣고, 그들이 한 옳은 행동에 대해서는 아주 적은 얘기를 듣게 된다. 슬픈 사실은 대부분의 부모들이 아이들이 한 뭔가 옳은 행동을 찾아내는 것보다 뭔가 잘못된 행동을 찾아내는 것을 더 잘한다는 것이다.

나의 큰 아들에 의해 멈추기 전까지만 해도, 나도 이런 부모들 중 한 사람이었다. 나는 집에 오자마자 아이를 붙들고 말했다. "너 아침에 네가 한 일을 기억이나 하는 거냐? 자기가 먹고 난 접시는 스스로 세척기에 넣어야지, 그냥 조리대에 놔두고 가면 어떻게 하니?" 댄은 그날 일진이 좋지 않았거나, 내가 흠을 잡아내는 것을 더 이상은 참을 수 없었던 것 같다. 눈에는 눈물이 가득 고인 채 그 애는 이렇게 말했다.

"아빠 늘 그렇게 제가 잘못한 것만 말씀하시죠. 아빠가 하는 건 그게 다예요!" 그 말이 내 가슴에 사무쳤다. 그 애는 나를 비난했고, 나는 책임감으로 떳떳하지 못했다. 정말 부끄럽게도, 내 아버지가 나에게 했던 것을 나도 내 아이들에게 그대로 하고 있는 것이 아닌가! 그 사실을 깨닫게 되는 순간, 내 눈에도 눈물이 고였다. 내가 그들이 하는 잘못된 행동만을 찾아내는 전문가가 돼버렸다니….

아들의 눈에 고인 눈물을 보고 실망이 가득한 그의 목소리를 들었을 때, 나는 그동안의 모든 비난을 되돌리고 그것을 칭찬으로 바꾸고 싶었지만 할 수 없었다. 그리고 그 순간 '난 정말 훌륭한 아들을 두었구나…' 생각했다. 내 아들은 예의 바르고, 모범생이고, 훌륭한 운동선수이고, 성실하고, 주변 일도 잘 도와주고, 골치 아픈 문제는 결코 만들지 않는, 그런 아이가 아닌가. 그리고 이런 아들을 둔 데 대해 부모는 기뻐하고 자랑스러워해야 한다. 그런데 그는 아버지에게 지금 무슨 말을 하고 있는가? "아빠가 하시는 건 항상 제가 잘못한 것을 말씀하시는 게 다예요!"

우리 가족의 삶은 그날 극적인 변화를 했다. 나는 나의 세 아들들과 함께 오랫동안 얘기를 나누었다. 그리고 내 잘못을 인정했고 용서를 구했으며 내가 얼마나 그 애들을 존중하고 얼마나 자랑스러워하는지를 알게 하기 위해 내가 할 수 있는 한 모든 것을 다하겠다고 약속했다.

그것은 아주 놀라운 변화를 가져왔다. 내 아이들은 결국, 모든 아이들이 그들의 부모에게서 들어야 하는 말, 즉 '우리가 잘못한 것을 인정하고 미안하다고 얘기하는 말'을 들었기 때문이었다. 그것은 정말 건강에 좋은 일이다. 그리고 그보다 더 좋은 것은 우리의 아이들이 옳은 일을 했을 때 그것을 인정해주고 고마워해주는 일이다. 나는 부모들을 대상으로 강의할 때면 항상 이 이야기를 해주는데, 그러면 종종 고통스러워하는 부모들이 있다. 그것이 그들에게 큰 반향을 일으키기 때문이다. 항상 풍부한 애정을 주고 자녀를 상냥하게 대하는 몇몇 부모들조차도, 아이들이 잘못 행동한 것에 너무 많은 초점을 두는 덫에 빠지게 된다. 따라서 나는

"그러한 당신의 실수를 통해 배워가는 것이다"라고 말하면서, 이 이야기를 꼭 해준다. 내가 실수를 통해 깨닫고, 잘못을 인정하고 사과했듯이 그들도 그렇게 해야 하며, 그것이 아이들을 바르게 키울 수 있고 가족의 삶의 질을 높여줄 수 있다고 말이다. 명심하라. 다른 모든 사람들이 그렇듯, 우리의 아이들도 그들이 한 좋은 일에 대해 인정받기를 바란다는 사실을.

방법7: 부드럽게 바로잡아준다

우리가 아이들이 한 옳은 행동을 더 잘 찾아낼 필요가 있는 만큼, 아이들이 가족의 규칙을 어기거나 그들이 그들에게 중요하지 않은 뭔가를 할 때 그들을 바로잡아줄 책임 또한 우리에게 있다. 그렇다면 열쇠는? '그것을 어떤 방법으로 하느냐'이다.

가족치료 전문가는 말한다. "우리가 가장 흔하게 저지르는 실수는 바로, 아이들의 귀에 거슬리는 비판을 하는 것이다"라고. 아이들의 잘못을 바로잡아줄 때 만약 거칠고 파괴적인 말을 사용한다면, 아이들이 저지른 잘못보다 더 큰 해를 가져올 수도 있다. 그러나 반대로 부드럽고 안심시켜주는 말을 사용한다면 어떻게 될까? 말할 필요도 없이, 아이들의 생각을 성장시키는 데 도움을 줄 것이다. 또한 가족치료 전문가는 "건설적이고 부드러운 비판(아이들의 옳은 행동을 찾아내는 것과 함께)이, 부모가 져야 할 가장 중요한 책임 중 하나이다"라고 말한다.

자, 여기 아이들이 뭔가 잘못을 저질렀을 때 부모가 할 수 있는 가장 나쁜 행동들을 보자.

· 생각해보지 않고 먼저 말로 호통을 친다.
· 고함을 지른다.
· 위협을 준다.
· 욕을 한다.
· 잘못한 행위보다 사람 자체에 초점을 맞춘다.

아이들은 항상 잘못을 저지른다. 우리도 그러지 않았는가? 그것은 부모에게 도전이다, '어떤 효과적인 방법으로 아이들을 다루어야 하는가'에 대한 도전. 그것은 전에도 그랬고 앞으로도 항상 그럴 것이다. 그러나 부모가 위에 나온 것처럼 반응한다면, 상황을 더 나쁘게 만들 것이다. 그러면 아이와 부모 모두에게 문제를 해결하도록 도와주는 방법을 보자.

· 무슨 말을 할 것인가 그리고 어떻게 말할 것인가에 대해 생각하기 위

해 '열을 세며' 시간을 번다.

· 목소리는 평상시의 톤으로 유지한다.

· 아이를 안심시킨다.

· 그 일을 저지른 사람이 아니라 잘못된 행동에 초점을 맞춘다.

· 아이를 용서해준다.

방법8: 마법의 말을 쓰고 가르친다

나는 수백 년 동안 예절에 관한 많은 다른 말과 아울러, 모든 가정에서는 마법의 말인 "부탁합니다"와 "감사합니다"를 가르쳤고, 실제로 행해졌다. 그것은 학교와 예배당에서 더 강화됐는데, 그 결과 사회는 좀 더 공손하고 예의 바른 곳이 되었다. 그러나 이것은 다양한 원인들로 인해 어느 순간부터 변화하기 시작했다.

많은 부모들은 여전히 '올바른 예의범절'을 강조하고 있지만, 현대 사회를 보라. 아이들이 가정에서 예의범절을 배우고 있다고 가정할 수 있을까? 아마 그렇지 못할 것이다.

나는 학교에서 아이들을 가르치면서, 그 사실을 더욱 분명히 알 수 있었다. 10대 학생들 중 많은 아이들이 학교나 다른 장소에서 "부탁합니다"란 말을 하지 않는다고 말했다. 내가 왜냐고 묻자, "뭔가 얻어야 할 것이 있을 때 굳이 그런 말을 하지 않아도 얻을 수 있거든요"라고 말했다. 또 "고맙습니다"라는 말은 더더욱 필요치 않다고 했다. 그들은 이미 원하는 것을 가지고 있기 때문에.

다행스럽게도, 내가 가르친 학생들 중에는 가정에서 마법의 말을 배운 상냥하고 예의 바른 아이들이 많았다. 내가 "너희 부모님들은 어떤 방법으로 좋은 예의범절을 가르쳐주시니?"라고 묻자, 대부분의 아이들이 다음과 같이 말했다.

· 우리 부모님은 항상 서로 간에도 예의 바르게 말씀하시고, 저희에게도 그래요. 집 밖에서도 똑같이 그렇게 하시구요.
· 부모님은 저희에게 습관이 될 때까지 계속해서 상기시켜주세요. '부탁합니다'와 '감사합니다'란 말을요.
· 부모님은 저희에게 "예의 바른 말을 사용하는 사람이 더 성공하고, 친구도 많다"라고 가르쳐주세요.
· 부모님은 일일이 말씀하시지는 못하지만, 저희가 다른 사람들에게 예의 바르게 대할 때 가장 사랑스럽다고 말씀하셨어요.

방법9: 가정에서 '말'에 대한
가족사명선언문 만들기

당신은 '사명선언문'에 대해서 들어본 적이 있을 것이다. 많은 훌륭한 단체에서, 그 멤버들에게 책임을 상기시키고 그에 집중할 수 있도록 하기 위해 사명선언문을 만든다. 자, 그렇다면 가족사명선언문을 만들어보는 건 어떨까? 특히 원활한 의사소통은 가족에게 활력의 근원이 되기 때문에, 말을 중심으로 한 사명선언문을 만들어보는 것은?

몇 년 전 나는 어떤 사람이 쓴 기사를 읽었다. 그는 '강렬한 저항'의 단계를 겪고 있는 두 아이를 가진 사람이었다. 그 아이들은 서로 끊임없이 싸우고 괴롭혔고, 그로 인해 그 가족의 삶은 매우 불행했다. 부모는 결국 이 문제를 의논하기 위해 가족 모임을 열었다. 그리고 '세상은 우리를 너무 자주 비판하거나 강하게 반박하는 거친 곳이 될 수 있다. 따라서 우리는 집 밖에서 그렇게 우리를 찌르는 말의 화살로부터 보호 받을 수 있는 안전한 장소를 가져야 한다. 그 거룩한 장소는 바로 가정이어야 한다'는 내용을 중심으로 모임을 이끌어갔다. 그는 아이들에게 벌을 주고 위협하는 대신, 그들에게 '해결책을 찾는 것을 도와달라'고 부탁했다.

한 시간 동안 생산적인 브레인스토밍을 한 후에, 그들은 '가족

사명선언문'이라는 것을 생각해냈다. 선언문의 내용은 '가정은 우리가 서로를 가르치는 곳이다'였다. 그들은 그것을 컴퓨터에서 큰 필체의 글자로 프린트하고, 액자에 끼워서 주방에 걸어두었다. 그들은 또 그 선언대로 생활하기로 약속했다. 결과는 어땠을까? 물론, 깜짝 놀랄 만한 것이었다. 그것은 가족문제를 해결하기 위해 모임을 가졌고, 의논을 통해 사명선언문을 만들고, 그에 대해 약속을 했기 때문에 일어날 수 있는 일이었다.

난 지난 10년 동안 강의했던 모든 부모들과 그 이야기를 함께 나누었다. 그리고 그들에게 "여러분도 꼭 해보라" 하고 말해주었다. 그 반응은 나를 대단히 가슴 뿌듯하게 해주었다. 몇몇 가족은 내가 얘기했던 내용을 그대로 사용하기도 했다. 또 다른 가족들은 자신들이 직접 사명선언문 문구를 만들기도 했다. 다음은 내가 가장 좋아하는 몇 가지 사명선언문이다.

· 강한 반박 금지: 여기(집)에서는 칭찬의 말만 하기.
· 서로 좋은 이야기를 나누는 가정이 되자.
· 우리 가족은 삶과 서로를 축복한다.
· 서로 윈-윈을 만드는 대화를 하자.
· 재미있는 이야기는 절대 숨기지 않는다.
· 우리 가족은 쉽게 말을 선택하지 않는다.

방법10: 가족의 밤 시간표 짜기

"시간을 사용하는 방법에 대해 내가 내린 가장 좋은 결론은, 일주일에 한 시간씩 가족의 밤을 짜는 것이었다. 이것이 우리에게 준 긍정적이고 오래 지속되는 영향은 이루 헤아릴 수가 없다."

이 말은 몇 년 전 종교 수련 시간 중, 시간 효율 전문가에게서 들은 말이다. 그 종교 수련에 온 대부분의 사람들은 사업계의 경영진들이었고, 좀 더 적은 시간에 좀 더 많은 일을 할 수 있는 방법을 찾고 있었다. 그러나 그들은 처음에 그들이 원했던 것보다, 뭔가 더 가치 있는 것을 가지고 돌아갔다. 즉 그것은 '그들의 가족과 보다 질 높은 시간을 보내기 위한 계획'이었다. 가족의 밤에 대한 다음 네 가지 규칙을 보자.

· 매주 같은 날과 같은 시간이어야 한다.
· 가족 구성원이 빠졌더라도 열려야 한다.
· 적어도 한 시간 이상은 해야 한다.
· 그 활동에는 대화가 포함되어야 한다.

워크숍의 지도자는 말했다.
"처음에는 아이들이 저항했죠. 하지만 일주일, 열흘, 보름… 이렇게 시간이 지나고, 몇 달 안 가서 '가족의 밤'이란 게 뭔가 특별한 것임이 명백해졌어요. 가족들은 각자 돌아가면서 그날 무엇을 할지를 결정했기 때문에, 다른 구성원들은 '오늘은 무슨 일을 하게 될까?'를 기대하면서 모임에 참여하게 됐죠. 그건 아주 즐거운 일이었죠.

아이들은 종종 날 놀라게 했어요. 때로는 그들은 학교에서 배운 뭔가를 나머지 가족에게 가르쳐주었고, 때로는 게임을 했고, 때로는 사고를 자극하는 질문을 했고, 때로는 의미 있는 글귀를 함께 나누기도 했죠. 거기에는 광범위하고 다양한 활동들이 있었고, 그건 매주 우리에게 점점 더 특별한 유대감을 갖게 해주었어요."

"여러분도 이걸 해보세요!" 그는 흥분해서 말했다. "같이 예배에 참석하는 것 다음으로, 그것이 우리 가족이 하는 일 중에서 제일 좋아하는 겁니다. 물론 우리는 그것을 시작하기 전에도 괜찮은 가족이었죠. 하지만 이젠 우린 훨씬 더 멋진 가족이랍니다."

아마 '가족의 밤'을 갖는 모든 부모와 아이들에게서 이와 같은 말을 듣게 될 것이다. 한 주에 한 시간이 커다란 차이를 만들고, 영원히 지속되는 추억을 만들어준다.

부모와 그들의 아이들이 하는 모든 말,

부모와 그들의 아이들이 하는 모든 행동,

그리고 부모와 그들의 아이들이 행하는 모든 행위는

아이들의 '기억 저장소'를 만드는 데 도움을 준다.

그 기록인 기억 저장소는 부모의 역사와 자손이 된다.

아이들에게 그것은 그들의 유산이자 운명이다.

–

웨인 도식 *Wayne Dosick*

다정한 말
아이들을 치유하는 특별한 힘

~

용기를 북돋아주는 것과 칭찬은
인생을 변화시킬 수 있는 힘이 있으며, 다른 사람을 변화시킬 수도 있다.

노먼 빈센트 필 *Norman Vincent Peale*

'비방 금지, 여기서는 칭찬만 할 수 있다'

이것은 아주 오랫동안 내 교실 정면의 큰 액자 속에 담긴 말이다. 누구든지 교실에 들어오는 사람은 가장 먼저 이 글을 볼 수 있다. 아주 눈에 띄게 걸어두었기 때문에. 게다가 '비방 금지'란 말은 빨간색 원 안에 들어있고, '여기서는 칭찬의 말만 할 수 있다'는 글씨 아래 아주 크게 쓰여 있다. 이것은 우리 교실 정면에 부착된 많은 게시물 중 하나이지만, 나는 특별히 수업 첫날에 이 액자를 가리키며 강조해서 말한다. 학기가 시작되기 전에 학급의 분위기를 미리 조성하기 위해서도 그렇고, 학생들의 주도적인 분위기를 만들기 위해서도 그랬다. 우리의 가정이 신성해야 하듯이, 우리의 학급도 역시 그래야 하니까.

학생들에게는 '편안하고, 환영 받고, 보호 받을 수 있는' 공간이 필요하다. 학생들은 학교에서 그렇게 느껴야 하지 않겠는가. 그러나 불행하게도, 학교는 우리에게 항상 그런 곳만은 아니다.

"학교가 상처를 주는 경우." 이는 2001년 4월 10일자 〈USA 투데이〉의 헤드라인이었다. 철저한 취재를 통해 카렌 피터슨이 쓴 이 기사는 학년에 상관없이 많은 학생들에게 '학교는 무섭고 고통스러우면서 고독한 장소가 될 수 있다'는 점을 상기시킨다. 그렇다면 학교에서 이런 소외된 감정을 야기하는 가장 큰 원인은 무엇일까? 바로 '험한 말'이다. 협박, 위협, 욕, 놀림, 혹평, 인종차별이나 성차별적인 발언 등 험한 말은 학생들 사이에 여러 가지 형태로 오간다. 이런 유형의 말들은 구타보다 더 큰 상처를 주고, 그 상처가 치유되는 데도 많은 시간이 필요하다. 다음의 통계자료를 보자.

· 같은 반 아이들의 협박과 비난 때문에 학교에 가지 않고 가정에 머무는 아이들이 16만 명 이상이다.
· 전체 학생들 중 3분의 2 이상이 적어도 한 달에 한 번 이상 학교에서

놀림을 당하거나 험담의 대상이 된다.

· 초등학교 3학년~6학년 학생 중 3분의 1 가량이 학교에서 괴롭힘을 당하고 있다.

· 1976년부터 2001년 사이에 학교에서 일어난 심각한 폭행 사건들의 직접적인 원인은 언어적인 협박과 비난이었다.

물론 이런 일이 일어나는 원인에 대한 이론은 무수히 많다. 그러나 학교의 지도자들은 여기서 두 가지 중요한 점에 대해 생각해 보아야 한다. 첫째, 이 조사 결과에서 배울 점은 무엇인가. 둘째, 아이들이 좀 더 언어를 건설적으로 구사하도록 가르칠 수 있는가? 그리고 더 나아가 이러한 학교의 풍토를 개선할 수 있을 것인가?

학교에서 일어난 충격적 사건들, 우리는 무엇을 배워야 하는가

1999년 봄, 덴버의 콜럼바인 고등학교에서 비극적인 사건(총기난사 사건)이 일어났다. 이는 가장 가슴 아픈 일이기도 했지만, 동시에 가장 가치 있는 교훈을 준 사건이기도 했다. 이 일은 교내에서 발생한 최악의 사태였기 때문에, 이전의 어떤 사건보다도 많은 매

스컴의 주목을 받았으며 철저한 사후 조사가 이루어졌다.

그 당시 바깥으로 드러나진 않았지만, 중상류층의 공립 고등학교에서는 '자신들과 다른 부류의 학생은 용납하지 않는' 문화가 형성되어 있었다. 그 문화의 주류에서 소외된다면 동급생들의 냉소를 받으며 하루하루를 보내야 하는, 소위 '왕따' 문화 말이다. 이러한 문화 속에 언어폭력은 더욱 심해져만 갔고, 그 결과는 참사이자 국가적인 악몽으로 나타나고 말았다.

그 비극이 벌어진 후에야 그 학교에서 오랫동안 이러한 모욕적인 행위가 자행되었다는 사실이 드러났다. 교사들도 알고는 있었지만, 전혀 노력하지 않았다는 사실까지도. "아이들이 다 그렇죠, 뭐"라는 무관심한 묵인 속에서 언어폭력은 이 사건이 일어나기 직전까지 지속적으로 행해졌다. 오해하지는 말기를 바란다. 난 지금 모든 교내 언어폭력이 살인으로 이어진다고 주장하는 게 아니다. 실제로 학교에서 일어나는 무시무시한 사건들이 똑같은 원인에서 야기된다는 점을 우리는 모두 알고 있지 않은가. 아이들이 학교에 총을 가지고 오든 그렇지 않든, 아이들은 동급생들이 별 생각 없이 내뱉는 말에 심한 상처를 받고 있다.

콜럼바인 고교 총기 난사 사건을 주도한 학생들 중의 한 명인 에릭 해리스는 자살하면서 노트 한 권을 남겼는데, 그 속에는 이런 내용이 있었다. "난 내가 죽이려는 아이들의 부모에게 이메일을 보냈다. 메일에는 '당신의 아이들은 날 조롱했고, 날 받아주지 않았고, 날 무시했다. 그러니 죽어 마땅하다'라고 썼다."

그 사건을 계획한 또 다른 한 학생은 에릭에 대해 이렇게 말했다. "그 앤 정말 소외당하고 있다는 게 느껴졌어요. 하지만 그렇게 나쁜 애는 아니었어요. 외로운 애였죠." 동급생의 말 때문에 받은 상처는 이들에게 치명적인 무기가 되었다. 그래서 그들은 무기로 대응했던 것이다.

그 사건 때문에 한동안 문을 열지 못했던 콜럼바인 고등학교는, 4개월 후 다시 교문을 열었다. 그리고 뉴스에 나와 인터뷰에 응한 교장은 "교사들이 학교문화 속의 주류에서 제외된 학생들과, 그들이 느꼈을 소외감에 민감하게 대처하지 못했습니다. 그 사실을 충분히 인정합니다. 따라서 우리 학교는 '불관용(Zero tolerance, 매우 엄격한 규칙을 적용하여 사소한 행위를 저지른 자도 처벌한다) 방침'을 세울 것입니다"라고 발표했다.

우리는 이 사건을 통해 무엇을 배워야 할까? 짐작했겠지만 특히 교사들은 학생들 사이에 어떤 말이 오가는지, 그 말이 얼마나 큰 영향을 미치는지에 관심을 기울여야 한다. 더 이상 "아이들이 다 그렇죠, 뭐" 하면서 아이들 사이에 흔히 있는 일이란 식으로 방관해선 안 된다. 설사 그게 사실이라 해도, 부모가 가정에 대한 책임이 있듯 학교에서 지도자들은 학생에 대한 책임이 있다. 아이들이 서로에게 상처를 주는 행동과 말을 하지 않도록, 우리는 할 수 있는 최선을 다할 의무가 있는 것이다.

콜럼바인 고등학교 교장이 발표한 '불관용 방침'은 그 상황에서는 제법 그럴 듯하게 들릴 수도 있다. 하지만 그 방침은 큰 효과를 얻지 못할 것이다. 의도는 좋지만, 근시안적이고 반발이 커서 시행이 불가능할 것이기 때문이다. 교사들은 비극적인 사태가 발생할 때까지 기다려선 안 된다. 그때의 대책을 세우기보다, 매 학기 초에 미리 대책을 강구하고 그런 일이 일어나지 않도록 '말의 위력'에 대해 정기적으로 점검을 해주어야 한다. 그리고 학교에서 근무하는 모든 성인들뿐 아니라, 학생들과 학부모까지 이에 동참해야 한다.

긍정적인 말의 힘

자, 이제 나는 모든 연령의 아이들에게 적용할 수 있는 간단한 활동 하나를 소개할까 한다. 토머스 리코나Thomas Lickona 박사는 자신의 유명한 저서 《인성교육: 학교는 존중과 책임감을 어떻게 가르칠 수 있을까》에서 이렇게 묘사하고 있다.

나는 학생들에게 "다른 사람의 기분을 좋아지게 만드는 어휘 목록을 만들 건데 좀 도와주겠니?"라고 부탁했다. 그런 다음 "자, 이제는 기분을 나쁘게 만드는 어휘 목록을 한번 만들어보자"라고 부탁했다. 학생들은 곧 두 가지 목록에 넣을 여러 가지 단어들을 떠올리게 될 것이다. 이때 나는 학생들에게 묻는다.

"그러니까 말에는 힘이 있죠, 안 그런가요?"라고. 학생들은 대부분 "네"라고 동의한다. 그러면 나는 "그래요, 우리가 사용하는 말은 누군가의 기분을 좋게 할 수도, 나쁘게 만들 수도 있는 힘을 지니고 있죠. 자, 그러면 이제는 자신에 대해 듣고 싶은 말과 듣고 싶지 않은 말이 뭔지 한번 말해보세요."

자신에 대해 듣고 싶은 말과 듣기 싫은 말을 적는 일은, 반 친구들에게 대한 긍정적인 말을 쓰는 활동 다음에 이어진다. 결론적으로 이 목록은 학생들이 서로 의미 있는 대화를 나누는 데 많은 도움이 된다.

모든 학생들은 이 활동을 하면서, 동급생들과의 의사소통에서 주의해야 할 세 가지 중요한 점을 깨닫게 된다. 첫째, 말은 선택할 수 있는 것이다. 둘째, 긍정적인 말은 항상 서로가 승자가 되도록 만든다. 셋째, 긍정적인 말을 하면 기분이 좋아진다.

나는 리코나 박사의 이 단순하면서 강력한 활동을, 수년 동안 다양한 학생들과 함께 실행했다. 그리고 이 활동의 가치는 이루 말할 수 없을 정도로 컸다.

"우리 학교에서는
그런 식으로 말하지 않아"

인성교육 분야의 선구자이며 이 분야 최고의 프리젠터 중 한 명인 데이비드 브룩스David Brooks 박사는, 여러 학교에서 교장 선생님을 비롯한 다양한 직위에서 근무했다. 그는 몇 년 전 저속한 말을 쓰는 학생들 때문에 심각한 문제를 겪고 있던 중학교에 재직하고 있었다. 교내 어느 곳에서든 저속한 말이 끊이지 않았고, 어떤 징계나 처벌도 아무런 효과가 없었다. 교사들은 이 문제를 해결해보려고 했지만 별다른 성과가 없었고, 결국 대부분이 포기하고 말았다. 교사들은 브룩스 박사 그리고 한 컨설턴트와 회의를 한 후에, 새로운 접근법을 사용하자는 데 동의했다.

교직원은 저속한 말이 들릴 때마다 그 학생에게 다가가 "우리 학교에서는 그런 식으로 말하지 않아"라고 말해주자는 것이었다. 이 전략의 가장 중요한 점은 모든 교직원들이 일괄적으로 그렇게 행동해야 한다는 것이었다. 모든 교직원들이 이에 동참했고, 학생들에게 직접적으로 메시지를 전달하며 교내 언어 순화를 위해 노력을 기울였다. 얼마 지나지 않자, 학생들까지도 거친 말을 사용하는 신입생과 전입생들에게 똑같은 말을 하고 있었다. "우리 학교에서는 그런 식으로 말하지 않아."

이 방법은 '기대치를 설정하라'는 사회학 법칙에 들어맞는 것이었다. 즉 사람은 자신을 향한 타인들의 기대치 대로 행동한다는 것이다. 브룩스 박사는 이 점을 잘 활용했고, 단순한 말 한마디로 기대치를 명확하게 제시해주었기 때문에, 교내 환경은 극적으로 개선될 수 있었다.

지금 아이들에게 필요한
에밀리 디킨슨의 고전

앨리스 헤이즐Alice Hazel. 그녀는 누구나 자녀를 맡기고 싶을 정도로 훌륭한 교사이다. 그녀는 버팔로의 한 중학교에서 수년간 영어를 가르치고 있으며, 지금도 변함없이 일과 아이들을 사랑한다. 그녀는 에밀리 디킨슨Emily Dickinson이 쓴 시 〈말〉 한 편으로, 말의 위력에 대한 근사한 수업을 진행하기도 했다.

어떤 이들은 말한다.
입 밖에 나오는 순간
말은 죽는다고

나는 말한다, 말은
바로 그날
살기 시작한다고.

앨리스는 이 시를 학생들과 함께 읽고 토론하며 수업을 시작한
다. 그다음에 학생들은 두 장의 종이에 두 가지에 대해 적는다. 한
장에는 누군가의 말이 다른 사람에게 해를 끼치는 것을 목격했거
나 경험한 사례, 다른 한 장에는 칭찬이나 친절한 말을 들은 사
례. 학생들은 자신들이 적은 종이에 이름을 적어 두 개의 분리된
상자에 넣는다.

앨리스는 모든 학생들에게 각각의 상자에서 한 장씩 집으라고
요청한다. 그다음에는 학급을 작은 소그룹으로 나누어 각각의 상
황에 대해 토론할 수 있도록 한다. 반 친구들이 겪은 긍정적이거
나 부정적인 말의 영향에 대한 실제 사례들이기 때문에, 아이들은
진지하게 연구 과제를 토론한다. 서로의 의견을 듣고 모두 돌아가
면서 자신의 느낌을 표현한다. 그리고 그들은 학생들 그리고 학부
모들과의 피드백을 통해 이 간단한 연습이 얼마나 긍정적이고 지
속적인 효과를 나타내는지를 알게 되었다.

교사가 지닌 능력의 비밀은 인간을
변모시킬 수 있다는 확신이다.

— 랄프 왈도 에머슨*Ralph Waldo Emerson*

대체 단어를 찾아라

매들린 터너Madeline Turner를 아는가? 그녀는 아이들과 친해지는 방법을 알고 있으며, '불쾌한 말을 사용하지 않고 친해지는 방법을 아이들에게 가르쳐야 한다'는 것의 중요성을 알고 있는 또 한 명의 교사이다. 그녀는 조지아 주의 고등학교에서 아이들을 가르치고 있는데, 그녀의 학생들 중 대다수가 위기에 처한 아이들이었다. 여기서 '위기에 처했다'는 건 곧 오래전부터 욕, 험담, 불평 등의 나쁜 언어 습관이 입에 배어 있음을 의미한다. 학교 방침은 부적절한 말을 쓰는 학생들의 이름을 적어 주임 선생에게 제출하는 것이었다.

'처벌 말고 이 문제를 해결할 수 있는 다른 좋은 방법이 없을까?' 그녀는 한참 고민한 끝에 반짝이는 아이디어를 냈다. 그녀는 자신의 학생들과 다음과 같은 거래를 했다. 이미 입 밖으로 내뱉은 무례한 말을 그 즉시 '대체 단어'로 바꿔 말한다면, 이름을 적지 않겠다는 거래였다.

예를 들어 한 학생이 뭔가에 흥분해서 생각할 겨를도 없이 "아이, 젠장!"이라고 했다고 치자. 그러면 매들린은 그를 바라보며 조용히 "저는 대체 단어를 듣고 싶군요"라고 말한다. 빨리 대체 단어를 떠올려야만 그는 보다 심각한 곤경에서 벗어날 수 있다. 따라서 그 학생은 재빨리 "아이, 된장!"과 같은 단어를 말한다. 그러면 대부분의 경우 공격적인 말을 했던 학생 본인이나, 그 말을 들은 학생들 그리고 매들린은 웃음을 터뜨리게 된다.

결과는 어떨 것 같은가? 문제는 그 즉시 해결되고, 학생은 자신의 공격적인 발언을 고칠 기회를 부여받고 교훈을 깨닫는다.

이것은 학생들이 말하기 전에 신중하게 생각하도록 돕기 위해서, 그리고 학생들이 안전하고 긍정적인 학습 환경을 위한 말을 선택하도록 하기 위해서, 일선 학교에서 사용하는 수많은 효율적인 전략 중 하나일 뿐이다. 그러나 우리는 이 사례를 통해 '할 수 있다'는 걸 배우게 된다. 학생들에게 백날 말해보라. "친절한 말을 쓰세요, 좋은 말을 쓰세요…." 그들은 '친절한 말을 쓰라'는 말만 듣지 않는다. 학생들은 의사소통에서 말하는 입장이 되고, 듣는 입장이 되기도 하기 때문에, 이러한 경험을 해봐야 서로 승자가 되는 윈-윈에 대해 더 빨리 이해할 수 있다.

누구보다 학생들에게
많은 영향을 미치는 것은 교사이다

교사들은 일의 특성상 다른 어떤 직업보다 말을 많이 한다. 그

200

리고 어린 학생들의 사고를 형성하는 데 책임이 있다는 이유 때문에, 부모들만큼이나 말을 조심스럽게 해야 한다. 대부분의 경우, 교사들은 이 부분에 있어서는 뛰어나다. 하지만 물론 예외는 어디에나 있게 마련. 심지어는 가장 우수하다고 자부하는 교사들조차도 스스로에게 말의 중요성을 상기시킬 필요가 있음을 인정한다.

교사들 그리고 학교에서 근무하는 사람들을 대상으로 강연을 시작할 때마다 나는 강력한 영향력을 지닌 인용구를 읊어댄다. 그것은 내가 근무하는 학교의 책상에 붙여놓았기 때문에, 아침마다 가장 먼저 보게 되는 인용구이기도 하다. 그렇게 해서 나는 그들에게 '교사의 무서운 책임감'에 대해 상기시키고, 나 자신 또한 매일 그 중요성에 대해 스스로에게 상기시키곤 한다.

하임 기노트Haim Ginott는 자신이 교사로서 아이들의 생활을 비참하게 만들 수도, 즐겁게 만들 수도 있는 무시무시한 힘을 지니고 있다고 말했다. 그의 말을 통해 나는 한 가지 사실을 깨닫게 되었다. 바로 '내 언행은, 우리 학급에서 서로를 배려하는 분위기를 조성하는 데 그 누구보다도 큰 영향을 미칠 수 있다'는 점이었다. 그래서 나는 교사로서 두 가지의 책임감을 가지게 되었다.

첫째, 교육적인 어휘를 습득하고 연습한다. 둘째, 내 학생들이 자신들의 말이 미치는 영향에 대해 이해할 수 있도록 돕고, 매일 '긍정적인 말의 위력'을 연습할 기회를 준다. 이러한 다짐 아래 내 수업은 다음과 같은 과정을 통해 이루어졌다.

수업 시작 전

· 문 밖에 서서 수업에 들어오는 모든 학생들을 이름을 불러가며 맞이하고, 시간이 허락된다면 질문도 한다.
· 학기 첫날에는 매너와 골든 룰, 윈-윈, 그리고 말의 위력에 대해 토론한 다음 간단한 연습을 한다.
· 학생들은 '언어의 사용'에 중점을 둔 급훈을 쓴다.

매시간 "우리는 오늘 무엇을 축하할까?"라는 질문으로 수업을 시작한다

· 해당 질문에는 아래 네 가지 중 하나로 대답할 수 있다.
· 좋은 소식을 공유하거나, 감사한 일이나 사람에 대해 이야기하거나, 반 친구에 대한 칭찬을 하거나 혹은 다른 학생들에게 웃음을 준다(좋은 표현에 한해서).

교실 전면에는 학생들에게 말의 위력에 대해 상기시킬 수 있는 표어들을 붙인다

· '비방 금지-이곳에서는 칭찬의 말만 할 수 있다'라든가, '친절한 말에는 돈이 들지 않는다' 등.
· 그중에서도 효과가 뛰어난 것은 '오늘을 축하해라!', '서로 축하하자!', '이

곳은 서로를 배려하는 공동체이다', '황금률 교실' 그리고 '서로 윈-윈이 되는 말을 사용하자' 등이었다.

- 학기 초, 우리는 각각의 표어들을 주제로 토론하고 어떻게 실행할 수 있을까 함께 고민한다.

교실의 한쪽 벽면에는 특별한 표어를 써둔다

- '금지'를 의미하는 빨간 원을 그린다.
- 빨간 원 안에 '독'이라는 말을 적고, 그 주위로 '불평', '소문', '신음', '욕' 등의 단어를 적고 학생들에게 이 표어에 대한 의견을 묻는다.
- 대답은 "저런 말을 하는 것은 좋은 분위기에 독을 뿌리는 것과 같아요"로 항상 같고, 언제나 정확하다.

'착한 학생 통지서'를 적어 학생들의 가정으로 보낸다

- 나는 열심히 공부했다거나, 태도가 좋다거나, 성적이 올랐다거나, 출석률이 좋다거나, 학급 토론에 적극적으로 참여했다거나, 선행을 했다거나, 숙제를 아주 잘해온 학생들을 대상으로 적어도 두 통 이상의 '착한 학생 통지서'를 적어 매일매일 학생들의 가정으로 보낸다.

제발, '그렇게 해서 수업이 됐겠어? 부진했겠지'라는 결론은 내리지 않길 바란다. 당신의 예상과는 반대로, 나는 열성적인 교사였고 내 학생들이 더 열심히 공부하도록 만들었다. 난 일찍부터 '고무적인 분위기에서 아이들은 더 착하게 행동하고 더욱 열심히 공부한다'는 사실을 경험했고, 터득하고 있었다. 따라서 나는 학생들과 끊임없이 바른 말을 선택해서 그런 분위기를 만들었다.

말은 삶을 긍정적으로 변화시키는 힘을 지니고 있다.

말은 운명을 그림으로 나타낼 수 있다.

그러나 인생을 파괴할 수 있는 힘 또한 지니고 있다.

신중하라. 그러면 말을 현명하게 선택하게 될 것이다.

학생들의 인생은 바로 그것으로 좌우된다.

뎁 브라운 *Deb Brown*

애정이 담긴 말 한마디
모든 관계를 더 단단히 하는 힘

⌣

사람들이 우리에게 기본적으로 원하는 것은, 보살핌을 받고, 착한 행동을 해서 감사하는 마음을 불러일으키고, 우리가 그들을 사랑하는지 알게 하는 것이다.

랍비 조셉 텔루슈킨 *Rabbi Joseph Telushikin*

사랑의 말은
좋은 점을 발견하는 데서 나온다

앞 장에서 말했듯, 내가 오래전 동료 팀을 만났을 때 이 책의 씨앗이 뿌려졌다. 그만큼 팀은 존경스러운 사람이었기 때문에, 나는 곧바로 그에게 끌리게 되었다. 학교에 관한 것이든, 누구에 관한 것이든, 혹은 삶의 다른 면에 대해서든, 그는 늘 좋은 점을 발견했다. 또 그 좋은 점에 대해 나누고 싶어 했다.

팀의 긍정적인 말은, 그의 학생들과 동료들 모두에게 깊은 영향을 미쳤다. 사람들은 그와 가까이 지내고 싶어 했다. 사람들이 이미 즐거운 시간을 보냈다 할지라도, 팀은 항상 그보다 더 밝고 명랑하게 만들어주었기 때문이다. 팀은 사람들에게 '당신은 정말 소중하고, 높이 평가받고 있다'라고 느끼게 해주는, 아주 특별한 기술을 발달시켜온 것 같았다. 팀은 자신이 나를 얼마나 좋아하는지, 그걸 깨우쳐주기 위해 대화의 주제를 얼마나 많이 바꾸는지 헤아릴 수 없을 정도다.

우리는 스포츠, 학교, 책, 신념 등에 대해 얘기를 나누었는데, 그때마다 그는 대화 중간에 말을 멈추고 얼굴에 미소를 가득 띤 채로 내게 물었다. "내가 자네에게서 가장 좋아하는 게 뭔지 알아?" 그러고는 내가 대답하기도 전에, 그 특별한 날에 그가 내게서 찾아낸 좋은 점에 대해 얘기를 계속해나가곤 했다. 나는 그때, '아… 단순히 좀 더 자주, 친구의 좋은 점을 찾아 말해주는 것만으로도 그 관계를 훨씬 좋게 만들 수 있구나' 하고 생각했음은 물론이다.

우리는 대부분 다른 사람과의 상호작용을 통해 세상을 경험한다. 특히 '우정'을 나누어야 할 관계에서는 더욱 그런데, 이는 우리 존재의 중심이 될 수 있다. 그리고 우리가 항상 듣고, 사용하는 말이 이런 관계의 질과 삶의 질을 결정할 것이다.

우리가 '어떤 단어를 선택하는가' 하는 것은, 우리가 그러한 우정을 만들고 강화시키는 데 결정적인 영향을 미칠 것이다. 때로 그것은 우정을 회복시켜주고, 치유해줄 것이다. 만약 우리가 친구들에게 사랑과 감사의 표현을 해야 할 필요를 느끼지 못한다면, 그들은 아마 우리에게서 좀 더 그런 말을 들어야 할 필요를 느끼고 있을 것이다. 그리고 랍비 조셉 텔루슈킨이 우리에게 상기시켰듯, 그 일은 아주 간단하다.

커플을 길들이는 사랑의 말

'커플은 서로에게 헌신을 하는 두 사람이다'라고 정의를 내려 보자. 여기서 '커플'에는 진한 데이트를 하고 있는 사람, 약혼한 사람, 동거중인 사람, 또는 결혼한 사람이 포함된다. 이런 관계의 열쇠는 바로 '의사소통'이다.

두 사람은 서로 무엇을 이야기할까? 그리고 그들은 어떻게 그런 말들을 할까? 보통 '로맨스'란 두 사람이 커플이 되기 시작하는 시점에서 만들어지기 때문에, 초기에는 모두 '직설적으로 말하기'를 조심스러워한다.

만약 계속해서 조심스럽게 말을 할 수 있다면, 아마 커플은 좀 더 나은 관계로 나아갈 가능성이 아주 높다. 그러나 일단 관계가 성립되고 나면, 사람들은 보통 '달콤한 말'의 고삐를 늦춰버리고 만다. 대부분의 커플이 다음에 지적하는 네 가지 의사소통의 덫 중 하나 이상에 빠지게 되는 경향이 있다. 물론 이는 심리학자들과 결혼 상담가들이 한 연구 결과다.

· 말수가 줄고, 때로는 무의식적으로 파트너를 그냥 '거기' 있는 가구쯤 으로 여긴다.
· 서로에 대해 당연한 듯 생각하고, 종종 감사의 마음을 표현하거나 인 식하는 것을 잊어버린다.
· 정신적으로 나태해져서, 관계를 풍부하게 해줄 수 있는 말을 선택하기 보다는 판에 박힌 말을 내뱉는다. 관계를 형성하는 데 도움이 되는 사 랑의 말은 점점 줄어들고, 마침내는 사라져버린다.
· 파트너에게 불평, 비난, 요구 등의 구실로 막말을 해대기 시작한다.

이런 문제들은 우리의 관계를 손상시킬 수 있다. 반면 약간의 관심과 노력을 기울인다면? 그 문제들은 쉽게 교정될 수도 있다. 가족치료 전문가들은 상담을 의뢰한 커플에게 항상 묻곤 한다. "당신들의 평소 의사소통 패턴이 어떻죠?" 그러면 예외 없이 위의 네 가지 덫 중 하나 이상에 걸려 있다는 결론이 나온다. 그러나 문제를 인식하는 것은, 그것을 해결하는 첫 번째 단계임을 기억하라.

내 예를 들어본다면, 몇 년 전 아내 캐시는 우리가 위의 네 가지 덫 중 하나에 걸려 있음을 깨닫게 도와주었다. 아마도 우리 대부분의 사람들이 저 덫에 걸려 있지 않을까. 즉 정신적 나태와, 그로 인한 판에 박힌 말을 하게 되는 것 말이다.

파트너의 관계에 있으면, 사람들은 서로에게 굉장히 자주 도움을 요청한다. 우리의 경우, 보통 캐시가 내게 "쓰레기 좀 버려줘요", "청소 좀 도와줘요" 하며 도움을 요청하곤 한다. 그리고 나는 항상 그녀의 부탁을 들어준다. 그러나 부탁을 들어주기 전, 항상 약간의 불평을 늘어놓는다. 언제나 그렇듯이. 이것은 습관이 돼버렸고, 나는 이런 자질구레한 일들을 '더 기분 좋은 마음으로 해야 한다'는 생각을 해본 적이 없었다.

그날도 여느 때와 마찬가지로 그녀는 나긋나긋한 목소리로, "사랑하는 당신, 테이블에 접시 몇 개만 놔주겠어요?" 하고 부탁했다. 나는 투덜거리며 "나중에 해주면 안 돼?"라고 말하고는 그냥 내버려뒀다. 내가 책에다 '긍정적인 말을 사용하라'고 쓴 것을 알고 있었으므로, 그녀는 다정한 말투로 내게 문제를 제기했다. "내가 당신에게 무언가를 해달라고 부탁했을 때 당신에게서, '알았어, 여보. 당신을 위해서 무언가를 할 수 있다는 게 난 너무 좋아. 바로

해줄게요'란 말을 들을 수 있다면 얼마나 좋을까?"라고 말이다.

나는 내 행동에서도 꼬투리를 잡혔을 뿐 아니라, '긍정적인 말'을 실천으로 옮기는 데서도 문제 제기를 받았다. 당신도 짐작했겠지만, 그녀의 문제 제기는 이제 나의 표준적인 반응이 되었다. 비록 음색이나 얼굴 표정에서 내 연기가 다소 서투르긴 하지만, 이것은 항상 캐시의 즐거운 반응을 얻게 되었다. 그리고 이러한 간단하고 자그만 말과 음색의 변화가 매 순간마다 서로에게 좋은 결과를 가져다주었다.

다섯 개의 A로 이루어진
건전한 의사소통 방법

앞 장의 내용을 다시 한 번 떠올려보라. 결국 '말은 선택이다.' 이 단순한 문장을 잘 기억할수록 우리는 중요한 관계를 잘 유지시키고, 상대방이 중요하다고 느끼도록 만드는 말을 더 적절히 사용할 수 있다. 뛰어난 심리학자 윌리엄 제임스William James가 지적했듯, 우리는 모두 자신이 높이 평가받기를 열망하며 귀중하게 여겨지기를 소망한다.

그리고 여기, 그러한 소망을 채워줄 다섯 개의 A가 있다. 이 다

섯 가지를 잘 활용할 때, 상대방은 우리에게서 자신의 열망을 충
족할 수 있다.

· **Appreciation**(감사)

비록 사랑하는 사람으로부터 받는 데 익숙해진 것들이라 할지라도, "고
마워요"라는 말을 좀 더 자주 한다.

· **Ask**(질문)

다른 사람들의 어떤 행동과 계획, 희망, 즐거움, 걱정을 묻자.
그리고 "내가 뭘 도와줄 수 있죠?"라고 질문하자.

· **Affection**(애정)

애정을 더 많이 표현하자. 과연 "널 사랑해" 또는 "당신이 최고야!"라는
말을 너무 많이 듣는다고 투덜거리는 사람이 있을까? 과연 파트너에게
"여보!" 또는 "자기~"라는 말을 너무 자주 듣는다고 따분해하는 사람이
있을까?

· **Attention**(주의)

상대의 요구, 그리고 친절하거나 고양된 목소리로 말해야 하는 경우에 좀
더 주의를 기울이자.

· **Affirm**(긍정)

인정하거나 칭찬하거나 격려하자. 특히 상대방이 무언가 신경 쓰고 있는 부분에 대해 격려하자.

우정을 단단하게 만드는 사랑의 말

가족 이외의 친구들과의 관계에서도 위에서 말한 것과 똑같은 의사소통의 늪에 빠지지 않으려면, 그들 역시 항상 '높이 평가받기'를 열망하고 있다는 사실을 명심하라. 또한 친구들을 '당연한 존재'라고 생각하지 말기를. 다른 사람들과 마찬가지로 그들 또한 때때로 약간의 긍정적인 피드백을 필요로 한다.

나는 항상 "제가 당신에게서 가장 좋아하는 게 뭔지 알고 있나요?"라는 팀의 질문이, 친구들 사이에서 할 수 있는 가장 완벽한 질문이라고 생각해왔다. 친구들은 각각 다른 날, 각각 다른 칭찬을 우리에게서 듣기를 원한다. 그리고 우린 그런 말들을 해야만 한다. 그런다고 우리가 손해 볼 것이 있을까? 무엇을 잃게 될까? 오히려 서로를 더 기분 좋게 만들지 않을까? 또한 그 관계를 더욱 단단하게 만들 수 있지 않을까.

'친구'란 어떤 언어로 표현하는가와 상관없이 세상에 만들어진

말 중 가장 긍정적이고 강력한 말이다. '친구'로 불린다는 것은 크나큰 칭찬을 받는 것이다. 그리고 누군가 다른 이를 '친구'라고 부르는 것은, 서로가 줄 수 있는 최고의 찬사일 것이다!

'친구'라는 말이 마법을 일으키는 또 다른 간단한 방법이 있다. 인사를 할 때 그 사람의 이름 대신 '친구'라고 말해주는 것이다. 난 오래 전에, '사람들은 자신의 이름이 불리는 것을 좋아한다'고 배웠기 때문에, "안녕?"이라고 말하지 않고 "안녕, 빌!"이라고 말해왔다. 그러나 그것보다도 더 좋은 인사법이 있다. 바로 "안녕, 친구!"라고 말하는 것이다. 이것은 "넌 내게 특별해!"라고 말하는 간단한 방법이고, 사람들은 대개 이런 말을 듣기를 좋아한다.

이렇게 애정 어린 말로, 서로의 관계를 풍성하게 만들어주는 몇 개의 사례를 보자.

· 내 아내 캐시와 그녀의 친한 친구 실비아는 통화할 때마다 항상 "안녕, 친구!"라고 서로에게 인사를 한다. 쉰다섯 살이 넘은 두 여자가 이렇게 사랑을 표시하는 말을 사용하는 것은, 얼마나 서로를 가치 있게 만들며 얼마나 그들의 관계를 보배롭게 만드는 일인가.

· 몇 년 전 내 학생 중에는, 서로 '좋은 친구'라고 인사말을 나누는 두 명의 남학생이 있었다. 그것은 그들의 인사 방식이었고, 주위 사람들은

그들의 우정이 얼마나 깊은지에 대해 실감할 수 있었다.

- 내 학생 중 한 명은 매일 똑같은 방식으로 내게 인사를 하곤 했다. "안녕하세요, 존경하는 선생님!" 나는 이 인사말을 몇 번이고 되풀이해서 들었지만, 단 한 번도 따분하다고 느낀 적이 없었다. 사실 그날이 1월 1일이었든 12월 31일이었든, 시간에 관계없이 그 말은 항상 나를 기분 좋게 만들었다.

- 1970년대 초반 내가 팀과 함께 근무했을 때, 팀은 학생들에게서 엄청나게 많은 친숙한 별명들을 얻었다. 학생들은 그 모든 별명들을 사랑했다. 그 별명들은 대부분 학생들이 그를 긍정적으로 묘사한 단순한 말이었다. 기억에 남는 몇 가지가 있다면, 근육맨(무거운 물건을 잘 들어 올리는 남성에게 붙이는 말), 매력덩어리, 멋쟁이, 깔깔맨, 하회탈, 아인슈타인 등등일 것이다. 그는 종종 학생들에게 "안녕, 인간들이여!"라고 인사했다. 우리는 너무나 자주, 마치 사물과 같은 취급을 받았기 때문에 이 인사는 항상 특별한 의미로 다가왔다.

- 내가 이 책을 집필하는 동안, 나는 '고마워, 친구!'라는 단 두 마디의 제목으로 시작하는 이메일을 받았다. 최근 아주 존경하는 사람에게 조그마한 선물을 보냈는데, 그것에 대한 답변이었던 것이다. 그 메일의

제목만 봐도 나는 너무 기분이 좋아졌다. 이것이야말로 '긍정적인 말' 한마디가 얼마나 큰 힘을 발휘하는지를 보여주는 뛰어난 사례가 아닌 가! 단 몇 초 안에, 그는 내가 한 일에 대해 높은 평가를 해주고, 우리의 관계를 깊이 생각하도록 만들었으니.

사과를 할 수 있는 용기

우리에게 가장 흔히 일어나는 일, 관계가 손상되는 일. 이를 치유할 수 있는 가장 큰 힘을 가진 두 글귀는, 어쩌면 가장 말하기 어려운 두 글귀일 수도 있다.

"내가 잘못했어."

"미안해."

왜 그럴까? 그것은 관계의 틈이 벌어진 원인이 '나 자신'이라는 사실을 결코 인정하고 싶지 않기 때문이다. 분명 우리 관계가 이렇게 된 건 다른 사람의 잘못이기 때문에, 우리는 항상 그 사람의 사과를 기다린다. 그러나 상대방도 마찬가지로 사과를 기다리고 있기 때문에 우리에게 결코 사과의 말을 건네지 않는다. 그래서 끝내 모든 관계에 있는 사람들은 서로에게 사과 받지 못한다.

잘못했다는 것을 인정하고 사과하는 일은 왜 그토록 어려운 걸

온화한 말은 친구를 만든다.

—시라크 금언

까? 대답은 아주 간단하다. '인간의 본성.' 우리는 선천적으로 약한 존재이다, 자신에게 집착할 수밖에 없는. 그래서 쉽게 잘못을 인정하지 못한다. 이것을 극복하려면 인격이 성장해야 하고, 다른 사람의 입장을 이해하고 공감해야 하며, 그를 배려할 수 있어야 한다. 그리고 '간단한 사과'가 엄청난 결과를 가져온다는 사실을 이해해야 한다.

그런데도 당신이 "난 관계가 회복되길 원해요. 하지만 아무리 생각해 봐도 내가 잘못한 게 조금도 없는데, 어떡하죠?"라고 묻는다면? 나는 당신에게 다음과 같이 하라고 말할 수 있다. 먼저 '다른 사람도 똑같이 생각하고 있음'을 명심하라. 그러므로 중요한 것은, 서로의 관계를 회복할 수 있도록 유도하는 어떤 말을 하는 일이다. 예를 들면, "우리에게 이런 문제가 생겨서 정말 안타까워. 문제를 해결할 수 있도록 우리 얘기 좀 할까?" 이렇게 한다면 대부분의 경우 치유를 유도할 수 있다. 그리고 결국 대부분의 경우, 두 사람 모두 사과를 하게 된다. 나아가 두 사람 사이는 더욱 견고해지기까지 한다.

그리고 관계를 치유하는 어떤 방법이든 어느 정도는 분명 서로에게 '사과'를 해야 한다. 그러나 이는 말로 표현되기 전에 가슴속으로부터 우러나오는 무언가가 있어야만 한다. 아주 신중하게….
더 신중하게. 예를 들어 사소한 말다툼 후에 "내가 용서해줄게"라는 말을 했다고 하자. 어떤가? 이 말은 "네가 틀렸어"라고 들릴 수도 있고, 그러면 사태가 더욱 악화될 수도 있다. "내가 용서해줄게"라는 말은 오직, 누군가가 내게 용서를 구할 때만 말해야 한다. 그제야 그 말은 완벽한 것이 된다.

용서는 관계뿐 아니라 두 사람의 육체와 정신을 모두 치유하는 힘을 가지고 있다. 유대교 신자들에게 1년 중 가장 성스러운 날은 바로 '속죄의 날'이다. 그날은 하나님께 자신의 죄를 고백하고 용서를 구하기 위해 기도와 단식을 하는 날이다. 전통에 따르면 이 날 진실로 자신의 죄를 회개한 사람은 하나님께 용서를 받게 된다고 한다. 그런데 이 성스러운 날에는 '치유'라는 또 다른 의식을 치른다. 즉 이것은 다른 사람의 잘못을 용서하는 것을 의미하는데, 잘못을 저지른 사람이 상처를 입힌 사람에게 치유의 말을 했을 때 비로소 이루어진다.

만일 종교적인 신념과 관계없이 깨어진 관계를 치유할 수 있도록 하는 '속죄의 날'이란 국경일이 있다면 근사하지 않을까? 그러나 훨씬 더 근사한 것은, 우리는 마음만 먹으면 어느 날에라도 속죄를 할 수 있다는 사실이다! 우리는 이미 마음속에 그 말을 가지고 있다. 단지 그것을 입 밖으로 내기만 하면 된다.

진심은 언제나 침묵보다 유효하다

사랑의 말은 관계를 개선하고 치유하는 동시에, 어려운 시기를 보낸 사람들에게 편안함을 준다. 나는 많은 사람들이 사랑했던 사람의 죽음, 심각한 질병이나 부상, 실업, 결별, 혹은 인간의 한계를 넘어선 어떤 불행 속에서 힘들어하는 모습을 지켜봐왔다. 이런 일이 일어났을 때 할 수 있는 가장 커다란 실수는 바로 '아무 말도 하지 않는 것'이다.

사람들은 보통 한 가지 이유로 이렇게 한다. "무슨 말을 어떻게 해야 할지 모르겠어요." 물론 각각의 경우 적합한 말을 해준다는 것은 아주 어려운 일이다. 그러나 아무 말도 하지 않는 것보다는 분명 무슨 말이라도 하는 편이 항상 더 낫다. '침묵'은 '관심이 없다'는 것과 같으니까.

나는 대학생과 고등학생 모두에게 커뮤니케이션 과정을 가르칠 때, 종종 이런 어려움에 닥치곤 했다. 그들은 자주 이렇게 말했다. "이것 참 힘들군요", "뭐라고 말해야 할지 모르겠어요", "내가 틀린 답을 말할까 봐 겁나요", "너무 창피해요" 등.

내 충고는 항상 똑같다. 바로 마음에 떠오르는 무언가를 말하라는 것이다. "아, 지금 바로 내가 당신을 편안하게 해주는 완벽한 말을 해줄 수 있다면 좋으련만…"과 같은 말로 말문을 연다고 하더라도, 진심에서 우러나오는 것이라면 무엇이든 가치가 있다. 특히 "내가 어떻게 도와줬으면 좋겠니?"라는 말은 대부분의 상황을 좋게 만들어준다. 힘들거나 무안한 상황에서 이 말은 얼마나 편안함을 주던가. 따라서 사람들이 편안함을 느끼게 하려면 어떤 말이든 해야만 한다. 그것이 최선의 방법이다.

사람들이 다른 이를 편안하게 해주고 싶어서 하게 되는 일반적인 실수 한 가지가 있다. 바로 "그래, 네 기분이 어떤지 알아"라고 말하는 것이다. 정말 우리가 그 기분을 알 수 있을까? 대답은 결코 그렇지 않다는 것이다. 예를 들어, 친구 아버지가 돌아가셨거나 친구가 암에 걸렸다면, "난 네 기분이 어떤지 알아"라는 말은 하지 말아야 한다. 실제로 아버지가 돌아가셨거나, 내가 암에 걸리지 않았다면 말이다. 내가 경험한 일이라면 상대방에 큰 위안이 될 수도 있겠지만, 그렇지 않다면 그 말은 거짓 위로로 보일 수 있다. 그러니 먼저 깊이 생각해보라. 그런 다음 그에게 할 수 있는 '가장 편안한 말'을 해주는 것이다. 당신의 마음이 정말 진심이라면, 곧 적합한 말을 찾을 수 있을 것이다.

천천히 화를 내고,

천천히 비난을 하고,

자신의 주장을 천천히 변호하라.

그러나 도움을 주는 말이라면 빨리 하라.

친구는 그런 당신에게 박수갈채를 보낼 것이다.

–

메리 위처 *Mary. Whitcher*

존중하는 말
돈으로도 살 수 없는 말 한마디의 힘

~~~

근로자들은 자신이 잘해낸 일을 인정받음으로써
더욱 동기를 부여받게 되고 회사에 소속감을 느끼게 된다.

밥 넬슨 *Bob Nelson*

"그 책을 내 상사에게 선물하고 싶어요"

몇 년 전 나는 대략 50명 정도 되는 사람들과 함께 주말 세미나에 참석했다. 리더는 우리에게 "각자 통성명을 하고, 직업이 무엇인지도 말해주세요"라고 했다. 그러고는 한 사람 한 사람에게 그 사람의 직업과 관련된 일련의 질문들을 던졌다. 그는 질문을 통해 모든 사람들이 마치 '중요한 인물'인 듯한 느낌이 들게 만들었고, 초반에 서로에 대해 알 수 있는 기회를 주었다.

내 차례가 되자, 나는 이름을 밝히고 교사 겸 작가이자 연설가로 일한다고 말했다. 그 자리에 모인 다른 사람들만큼이나, 리더는 내가 책을 쓴다는 사실에 매력을 느끼는 것 같았다. 그는 "이렇게 작가분을 직접 만나 뵙는 건 오늘이 처음이네요"라고 말했고, 다른 몇몇 사람들도 처음이라고 입을 모았다. 그들은 '작가'라는 직업에 대해 일종의 신비감을 느끼는 듯했다.

세미나의 리더는 교사나 연설가로서의 내 직업에 대해서는 일절 질문하지 않고, '작가'라는 직업의 모든 것을 알고 싶어 했다. 저작 활동과 출판에 대해서, 그리고 내가 쓴 첫 작품의 내용은 무엇인지에 대해서…. 그리고 또 다른 책을 쓸 것인지에 대해서도. 그래서 난 "오랫동안 두 번째 책을 위해 자료를 수집하고 있어요. 곧 집필에 들어갈 계획이고요"라고 대답했다. 그는 "그래요? 어떤 내용이죠?"라고 물었고, 나는 "말의 위력, 특히 긍정적인 말의 위력에 대해 쓸 거예요. 긍정적인 말이 다른 사람들에게서 어떻게 최선을 것을 이끌어낼 수 있는지에 대해서 말이죠"라고 대답했다.

그 순간, 내 옆에 앉아 있던 한 젊은 여자가 말했다. "어서 그 작품을 완성하세요. 그 책을 상사에게 선물하고 싶어요." 이 말에 사람들은 웃음을 터뜨렸고, 또 다른 사람은 이렇게 말했다. "난 세 권을 사겠어요. 내 상사들은 대부분 그 분야에서는 문외한이거든요." 그 말에 사람들은 더욱 크게 웃었고, 동시에 상사에 대한 불만이 여기저기서 터져 나왔다. 그리고 아직 쓰지도 않은 책에 대한 주문이 쏟아졌다. 세미나에 참석한 사람 중 누군가가 농담처럼 말했다. "마치 우리의 상사들이 모두 데일 카네기 코스(자기계발 프로그램)에 낙제한 것처럼 들리는 걸요."

그러자 세미나 리더가 반문했다. "어째서 많은 상사들이 낙제점이라고 생각하시죠?"

사실 이 질문에는 해답, 혹은 적어도 확실한 이론이 있다. 어떤 유형의 일일지라도, 대부분의 사람들은 그 분야의 말단에서부터 시작한다. 그리고 대부분의 경우 열심히 일해서 업무 성적이 우수하다면 승진을 하게 된다. 동시에 다른 직원들을 관리하는 직위에 오르게 된다. 그러나 불행히도 일을 잘하는 것과 부하 직원들을 잘 인솔하는 것은 전혀 별개의 문제다. 부하 직원들에게서 최선의 것을 이끌어내는 데에는 특별한 기술이 필요하다. 그 기술은 보통 효율적인 의사소통 능력과 관련이 깊은데, 이는 말을 현명하게 하는 것도 포함이 된다.

상사는 직원들에게 어떻게 말해야 하나

이에 대해서는 일찍부터 논제가 제기되었기 때문에, 상사가 부하 직원들에게 말하는 법에 대한 의견은 분분하다. 마치 세미나에 참석한 거의 모든 이들이 자신들의 상사가 직장에서 어떤 방식으로 말을 하는지 말하고 싶어 하는 듯했다.

이 대화는 교육시간이 끝나고 휴식 시간과 점심시간, 그리고 심지어는 세미나가 끝난 후에도 계속 이어졌다. 관리자들, 회장들, 소유주들, CEO들, 그리고 기타 관리직에 있는 여러 사람들이 직원들에게 하는 말을 들어보니 놀랍고도 실망스러운 말들이 많았다. 그리고 최근에 행한 설문조사에 따르면 과반수 이상인 55퍼센트의 근로자들이 자신들의 노력에 대해 고맙다는 말을 거의 듣지 못한다고 대답했고, 겨우 35퍼센트만이 매번 고맙다는 말을 듣는다고 대답했다.

세미나에 참석한 사람들은 내 조언을 듣고 싶어 했다. 내가 말에 대한 책을 쓰고 있다고 했기 때문에, 분명 그 분야의 전문가라고 생각한 모양이었다. 그러나 솔직히 말해 직장에서 오가는 말에 대해서는 나보다 그들이 훨씬 더 많은 걸 알고 있었다. 우선, 나는 직장에서 하는 말에 대한 데이터들을 막 읽고 수집하기 시작했을 뿐이고, 그건 내가 쓰려는 책에서 아주 적은 분량에 불과했다. 둘째, 내 경험은 교육계에 한정되어 있어서, 20년 동안의 교직 생활 초반에 직속 관리 교사들과 지극히 적은 피드백을 경험했을 따름이었다. 나는 순진하게도 사업 분야의 관리자들이 이 분야보다는 훨씬 더 나을 거라고 막연히 추측했던 것이다. 그러나 현실은 영 딴판임을 알게 되었다.

호기심이 발동한 나는 직장에서 사람들이 어떤 말을 듣는지 더 알고 싶었다. 운 좋게도, 내게는 주중에 다양한 직업을 지닌 많은 사람들을 접할 기회가 있었다. 샌프란시스코 대학에서 가르치게 된 내 학생들은 30대, 40대, 그리고 50대였다. 그들은 '조직행동론'에서 학위를 취득하려는 직장인들을 위해 고안된 특별한 프로그램을 수강했다. 조직행동론은 심리학을 일선 직장에 적용한 학문이라고 할 수 있다.

학생들은 대부분 학업을 마치고 여러 해가 지나서 다시 대학에 돌아온 사람들이었기 때문에 모두들 학업에 열심이었다. 그들에게 학업의 목적은, 교재에 담긴 이론을 직장이라는 현실 세계에 적용해서 유능한 관리자가 되는 것이었다. 그 과정에서, 그들은 자신들의 관리자에 대해 많은 이야기를 했다. 그로부터 몇 년이 지나면서 나는 내 학생들 중 4분의 3 이상이 자신들의 상관에 대해 나쁜 점수를 매긴다는 사실을 알았다.

나는 '관리자들이 자신의 부하 직원들에게 어떻게 말해야 하는가'에 대한 이론을 그들에게 가르쳤고, 그들은 '대부분의 상사들이 부하 직원들에게 정말로 어떻게 말하는지'에 대해 내게 알려주었다. 그로부터 20년 동안, 나는 설문조사 양식을 고안하고, 데이터를 수집하고, 내 학생들의 말에 귀를 기울였다. 학생들이 가장 의논하고 싶었던 부분임과 동시에 설문조사에서 가장 중요한 질문은 "부하 직원들이 그 직장에서 꼭 필요한 존재라는 느낌을 지니도록 배려하기 위한 가장 효율적인 방법은 무엇인가?" 하는 것이었다. 그 대답을 중요도에 따라 나열하면 다음과 같다.

직원들이 상사에게서 듣고 싶은 말

· 잘한 일에 대한 인식과 보상
· 의견 묻기—견해, 전망, 제안
· 관심 보여주기—가족이나 현재 하고 있는 활동 등에 대한 질문
· 기대치를 명확히 할 것
· 도와주겠다는 제안
· 이름으로 불러주는 것
· 용기를 북돋아주고 자신감을 표명해주는 것
· 예의 바르게, 건설적으로 그리고 은밀하게 비평하는 것

내 학생들은 부하 직원들의 사기를 꺾고 기분 나쁘게 만드는 관리자들과, 기타 여러 유형의 지도자들의 태도에 대해 토론하고 싶어 했다. 이 리스트도 중요도에 따라 열거해보면 다음과 같다.

직원들이 상사에게서 듣고 싶지 않은 말

· 가십—사람들의 마음을 상하게 만들고 사기를 꺾음

· 무시—부하 직원들에게 전혀 말을 걸지 않음

· 거친 비난, 특히 동료직원들 앞에서 하는 건 더더욱 기분 나쁨

· 열등한 사람을 대하듯이 막하는 말

· 항상 불만이 많고 부정적인 측면이 강조되는 말

· 소리 지르기

· 욕과 성난 어조의 말

· 협박

두 리스트에서는 사업계의 관리자들과 교육계의 관리자들을 구분해서 열거했지만, 직업을 불문한 모든 사람들이 동일한 기본적인 욕구를 지닌다는 사실에 있어서는 전혀 차이가 없었다. 모두들 존중받고 감사받는 존재가 되고 싶어 하며, 잘한 일은 남이 알아주길 원하고, 정중하게 대우받는 근로 환경에서 일하고 싶어 한다.

비판은
칭찬과 감사의 말로
시작해야 한다.

―데일 카네기 *Dale Carnegie*

근로자들의 말하는 방식 또한 영향을 미친다

　내 설문조사는 원래 상사들이 직원들에게 말하는 방식과 그 말이 직원들에게 미치는 영향에 대해 얻을 수 있는 모든 것을 알아내기 위해 고안되었다. 그러나 리서치에 의해 이따금은 기대했던 것 이상으로 중요한 요소들이 드러나기도 한다. 그리고 내 학생들은 근로자들이 서로에게, 그리고 서로에 대해 말하는 방식 또한 근로 환경에서 중요한 부분을 차지한다는 점을 내게 상기시켰다. 이번에도 두 가지 리스트로 분류해보았다.

직장인들이 동료에게 듣고 싶은 말

· 고무적이고 확신에 찬 말

· 잘 진행되고 있는 일에 대한 말

· 깔끔하고 예의 바른 말

· 들으면 기분 좋은 농담과 재미있는 이야기들

직장인들이 동료에게 듣고 싶지 않은 말

· 가십과 비난, 그리고 비방

· 불평, 신음 소리, 꿍꿍대는 소리, 앙탈 부리는 소리

· 화가 잔뜩 난 말, 욕, 무례한 말

자, 한번 잘 살펴보라. 직장에서 상사와 동료들에게서 듣고 싶은 말과 듣고 싶지 않은 말은, 우리가 언제 어디에서나 듣고 싶은 말과 그렇지 않은 말과 전혀 다를 바가 없지 않은가? 다른 사람들에게 우리가 이야기하는 방식은 다른 어떤 것보다도 집, 학교, 직장, 친구들과의 모임, 교회 등과 같은 장소에서 분위기에 지대한 영향을 미친다. 말은 이처럼 강력하다.

가십의 심각성에 대하여

전적으로 가십만을 다루는 잡지, 신문, 라디오 쇼, 인터넷 사이트와 TV 프로그램들이 있다. 또 다른 사람의 스캔들을 캐내서 거액의 봉급을 받는 사람들이 있다. 이런 사회에 사는 누군가가 이렇게 말했다. "가십은 우리들의 범국민적인 오락이다." 가십은 지금도 그렇지만 오랫동안 우리 문화의 일부가 되어왔다. 이를 좋은 현상이라 말할 수 있을까.

이 책의 어딘가에 가십에 대한 글을 싣고 싶었지만 어디에 실어야 할지 알 수 없었다. 굳이 이 부분에 포함시킨 이유는, 너무나도 많은 사람들이 '가십은 다른 어느 곳에서보다 직장에서 더 심각한 문제가 된다'고 내게 말해왔기 때문이다. 내가 최근에 가르친 학

교에서도(학생과 교직원들 모두에게) 가십은 중요한 문제였다. 내 몇
몇 친구들의 직장에서도 심각한 고민거리였고, 거의 모든 성인 학
생들 또한 가십이 직장에 유해한 영향을 미친다고 말했다. '고운말
쓰기 운동' 본부는 직장에서의 가십을 가장 심각한 사회악 중 하
나로 꼽고 있다.

우리가 가십을 하는 이유는 무엇일까? 아니, 그 이유를 찾는 것
은 어쩌면 말하는 사람과 듣는 사람, 쌍방이 패자라는 전제를 인
정하는 것만큼은 중요하지 않다. '네 앞에서 남 말하는 사람은 다
른 사람 앞에서도 당신에 대해 말할 것이다'라는 스페인 속담이
말해주듯이 말이다.

특히 관리자의 위치에 있는 사람들이 이런 행동을 할 때 그 악
영향은 매우 크다. 누군가 내게 "내 상사가 회사에서 가장 가십거
리인걸요"라고 말하는 걸 들었을 때, 나는 어이가 없어서 할 말
을 잃었다. 그러나 곧 그런 상황에도 익숙해질 수밖에 없었다. 내
가 있던 학교의 교장 선생님들 아홉 명 중 한 명꼴로 교직원들 사
이에서 가장 큰 가십거리가 되곤 했으니까. 이는 어떤 이들에게
는 놀랄 일이었지만, 또 어떤 이들에게는 상처가 되는 일이 아닌
가. 그로 인해 많은 사람들이 침해당하는 느낌을 받고, 임직원들
과 마찰의 원인을 만들고, 사기가 저하되고, 심지어는 아주 유능
한 선생들이 학교를 그만두기도 한다. 가십 때문에 모두가 피해

를 입었다.

　가장 중요한 질문은 이것이다. '직장에서 가십을 없애거나 훨씬 줄일 방법이 있을까?' 그 대답은 '예스'다! 그리고 많은 회사에서 이를 입증해보였다. 근로자들이 불평할 필요가 없거나, 또는 더 생산적이고 더 즐겁게 일하고 싶어서 가십을 하는 긍정적인 근로 환경을 창출하는 건 가능하다. 만일 사람들이 직장에서 소속감, 가치감과 더불어 인정받고 있다는 느낌을 받는다면, 그리고 일반적인 목표를 지닌 팀의 일원이라고 느낀다면? 직원들의 에너지와 대화는 그대로 업무 능률에 반영될 것이다.

　근로자들이 가십거리를 논할 필요가 없는 환경을 이룬 크고 작은 회사들도 많다. 산타클라라의 실리콘밸리 한복판에 위치한 한 중소기업을 예로 들어보겠다. 이곳은 내 친구가 설립한 회사인데, 친구는 동료들과 함께 회사 속에서 윈-윈 기업문화를 형성하기 위해 노력하고 있었다. 이런 의도는 근로자들에게 명확하게 전달되었고, 그는 그런 분위기를 만들기 위해 항상 도움이 될 만한 근로자들의 의견을 물었다.

　그중에서도 두 근로자의 제안은 수년 동안 그 기업의 기풍에 긍정적으로 큰 영향을 미쳤다. 그 중 하나는 '희소식 나누기'이고 다른 하나는 '좋은 가십'이었다. 두 가지 모두 "어떤 기업문화에서 근무하고 싶으십니까?"라는 질문에 대한 답변이었다. '희소식 나누기'는 회사 내에서 진행되고 있는 일과 근로자들의 생활에서 일어난 좋은 것에 대해 말하는 것을 의미한다. 그리고 '좋은 가십'은 근로자들이 기회가 있을 때마다 서로에 대해 좋은 말을 하는 것을 의미한다. 놀라운 것은, 이 전략들이 장기간에 걸쳐 모든 근로자들에게 영향을 미쳤으며, 회사는 여전히 번창하고 있고, 근로자들은 여전히 그 회사를 '일하기 아주 좋은 곳'이라고 부르고 있다는 점이다.

전문가들의 말에 따르면 인력관리는 예술이자 과학이다. 우리는 유능한 리더가 되기 위해, 누구나 활용할 수 있는 많은 자료들을 접할 수도 있다. 나는 그런 자료들 중 도움이 될 만한 몇 가지 방법을 요약해보기로 하겠다.

방법1: 직원들이 회사에서 중요한 인물이라고 느끼도록 하라

직원들은 대부분 이렇게 생각한다. "난 어차피 의사 결정에 관여할 수 없잖아. 그리고 사장이 내 이름이나 알겠어?" 훌륭한 관리자라면 이러한 문제를 간단히 해결할 수 있는 방법들을 알고 있을 것이다. 그중에서도 아주 간단하지만 대단히 효과적인 방법인

'돌아다니면서 하는 관리'라는 게 있다. 리더가 자신의 사무실에만 앉아 있는 것이 아니라 돌아다니면서 직원들의 이름을 익히고, 직원들과의 대화와 질문을 통해 의견을 수렴하고, 직원들이 회사에서 중요한 존재라는 느낌을 지니도록 만드는 것이다. 직장에서든, 또 다른 어떤 곳에서든 누구나 가진 가장 기본적인 욕구는 바로, '내가 중요한 존재다'라고 느끼는 것이라 하지 않았던가. 사소하지만 이러한 인간적인 교제가 지속된다면, 결국 이는 사기 진작과 작업 능률 향상으로 이어질 것이다.

방법2: 직원들을 알아보고 칭찬하라

너무도 많은 관리자들이 부모나 교사들이 저지르는 것과 같은 실수를 범한다. 직원들이 잘한 일보다는 못한 일을 훨씬 더 잘 찾아내는 것이다. 60년 전 데일 카네기는 '상대방이 좋은 평판을 얻게 해주라'고 우리에게 조언했다. 직원이 잘한 일을 알아봐준다면, 그들은 계속해서 일을 잘할 것이다.

스튜어트 러빈Stuart Levine과 마이클 크롬Michael Crom은 《카네기 리더십The Leader in You》이라는 책에서 다음과 같이 요약했다.

가장 성공한 기업 회장에서 슈퍼마켓 말단 직원에 이르기까지 누구나 원하는 것이 있다. 곧, '유능하고 일을 가장 잘한다는 말과 더불어 그들이 기울인 노력을 남들이 알아주는 것'이다. 조금만 더 인정해주는 것, 그것이야말로 좋은 직원을 훌륭한 직원으로 탈바꿈시키는 데 필요한 모든 것이기도 하다.

직위와 직종에 관계없이 대부분의 종업원들이 성과를 인정받는 것을 최고의 희망사항 중 하나로 꼽고 있다.

관리자들을 훈련시키는 전문가로 잘 알려진 밥 넬슨Bob Nelson은 이렇게 말한다. "훌륭한 성과에 대한 완전한 포상은, 개인적으로든 공개적인 석상에서든 관리자로부터 직접 받는 것이다." 그리고 또한 이렇게 제안한다. "모든 리더는 일을 잘하고 있는 직원들을 알아봐주는 것을, 매일의 습관으로 삼아라!"

방법3: 직원들이 성장하도록 돕는다

좋은 관리자들은 훌륭한 선생이자 코치이다. 직원 중 누군가가 잘못을 했다면 어떻게 해야 할까? 그렇다. 개별적으로, 조용히, 그리고 건설적으로 이야기해줘야 한다. 그리고 잘못된 부분에 초점을 두기보다는, 신뢰감을 보여주는 동시에 그 직원이 작업을 개선할 방법을 찾을 수 있도록 도와주는 것이 좋다. 그리고 자신이 회사에 입사하고 승진의 과정을 거치면서 범했던 실수들을 통해 어렵게 터득한 교훈들을 가르쳐주는 것도 많은 도움이 된다. 최고의 관리자란, 바로 가장 힘든 시기에도 격려와 용기를 북돋아주는 말을 해주는 사람이다.

즉시 칭찬하라.

사람들이 잘했거나 대체로 잘해낸 일에 대해 명확하게 말하게 하라.

사람들이 한 일에 대해 느끼는 긍정적인 감정을 공유하라.

계속해서 일을 잘해나가도록 격려하라.

–

《칭찬은 고래도 춤추게 한다》 중에서

4부

결국 우리를 지탱하는
말 한마디

우리는 조화롭고, 즐겁고, 재치 있으며, 상대방을 배려하는
태도로 우리 자신을 표현하는 습관을 가질 수 있다.

존 템플턴 경 Sir John Templeton

지혜로운 응원
성과와 즐거움을 높여주는 순수한 힘

어느 팀이든 잘하는 경기를 응원하라.
상대팀 선수들을 헐뜯거나 자극하지 마라.
실수를 범하는 동료 선수에게 소리 지르지 마라.
상대팀 선수들과 동료 선수를 축하하라. 그 시간을 즐겨라!

미키 래스번 *Mickey Rathbun*

스포츠, 최고의 인기 문화

많은 나라에서도 마찬가지로 스포츠는 매우 중요한 부분이지만, 미국에서는 타국의 추종을 불허할 정도이다. 우리 문화는 기본적으로 가족, 정치, 경제, 연예, 신앙, 그리고 스포츠로 이루어져 있다. 이 중 어느 것으로 사람들은 가장 시간을 많이 보내고 많은 이야기를 나눌까? 그렇다, 대부분이 '스포츠'라고 대답할 것이다. 신문과 잡지에 게재되고 라디오와 TV에서 중계되는 스포츠

종목들이 언제나 서너 개는 된다. 하루 24시간 내내 스포츠를 시청할 수 있으며 어떤 남자들은 아무리 말해도 식상해하지 않는다. 공영 방송의 한 스포츠 프로그램에서는 이런 식으로 홍보한다. "와우! 네 명의 바보가 둘러앉아 스포츠에 대해 이야기하고 있군요. 그보다 더 좋은 일이 있을까요?"

스포츠에 관한 방송도 많고, 이야기도 많다. 그리고 스포츠 내에서도 말이 많다. 난 이번 장에서 그것에 대한 이야기를 할까 한다. 스포츠와 관련된 말은 주로 학부형들, 코치들, 그리고 운동선수들에게서 나온다. 그러한 말들은 좋든 나쁘든 간에 다른 분야에서 회자되는 말들처럼 강력한 위력을 지닌다.

좋은 스포츠를 만들기 위하여

축구 경기 중에 코치가 일곱 살짜리 선수들 중 한 명을 불러서 물었다. "진정한 스포츠맨 정신에 대해 선생님이 했던 말 기억하니?" 그 어린 소년이 "네"라고 대답하자, 코치는 계속 말을 이었다. "파울이 선언되면 심판에게 항의한다거나 '야 임마!'라고 욕을 한다거나 소리를 질러서는 안 된다는 건 너도 잘 알고 있을 거야." 그 어린 소년은 고개를 끄덕거렸고 코치는 말을 계속했다. "다른 선수에게 뛸 기회를 주려고 널 선수교체 시킨다고 해서, 네 코치를 '띨띨한 놈'라고 부르는 건 좋지 못한 행동이야, 그렇지?" 이번에도 그 어린 소년은 고개를 끄덕거렸다. "좋다." 코치가 말했다. "이제 가서 네 어머니께 이 모든 걸 말씀드리렴."

우린 이 단순한 이야기를 통해 무엇을 알 수 있을까? 그렇다. 부모들은 우리가 알고 있는 것보다, 훨씬 더 어린이들의 운동경기에 큰 영향을 미친다. 즉 부모는 아이의 운동경기를 관람하면서, 코치나 심판을 향해 큰소리로 욕설을 하고, 협박을 하며, 상대팀 혹은 자기 아이에게 험한 말투로 비난한다. 그리고 이는 오래전부터 문제가 되어왔다. 미국에서는 얼마 전부터 이러한 언어폭력을 감소시키기 위해, 스포츠 심리학자들이 큰 역할을 담당하고 있다. 한 예로, 요즘에는 야구부나 축구부들의 경기 전에 부모들이 서약을 하도록 하고 있다. '긍정적인 행동과 언어를 준수한다'는 내용의 협약에 말이다. 그 결과는 매우 놀라웠고, 모든 이들이 바라는 '좋은 스포츠 만들기'를 위해 많은 이들이 동참하고 있다.

코치는 교사다

모든 코치들은 그들 스스로 인식하고 있든 그렇지 않든 간에 교사들이다. 그들의 일차적인 책임은 지식을 전수하고, 선수들의 실력을 향상시키고, 선수들에게서 최고의 자질을 이끌어내 최고의 수준에서 경기에 임하도록 돕는 것이다. 그렇게 본다면 초등학교 1학년 담임교사나 대학교수의 책임에 무슨 차이가 있을까? 이러한 목적을 이루기 위해 사용하는 가장 중요한 도구는 바로 '언어'다. 교사들이 학생들을 대할 때와 마찬가지로 코치들이 선수들에게 하는 말과 어법의 선택은 매우 중요하다.

스포츠가 발달되던 초기에 많은 코치들은 스스로를 교사라고 생각하지 않았다. 오히려 자신의 부대를 전투지로 이끄는 장군에 비유했다. 그래서 신병 훈련소 스타일의 훈련, 거침없는 고함, 욕설 등이 체육계에 난무했다. 불행히도, 아직도 여전히 너무도 많은 코치들이 이런 코칭 기법을 사용하고 있다.

전설적인 코치가 한 지혜의 말

미국 스포츠 역사상 가장 존경받는 인물은 누구일까? 어느 정도 스포츠에 식견이 있는 사람들을 대상으로 한 전국 설문조사에 이 질문을 포함시킨다면 가장 많이 거론될 인물은 왕년에 UCLA에서 활약했던 위대한 농구 코치, 존 우든John Wooden일 거라고 나는 확신한다. 그가 선수로서 그리고 코치로서 명예의 전당에 등극되어 있기 때문도 아니고, 전국챔피언대회를 열 번이나 석권했기 때문도 아니다. 그가 스포츠계 전반에 지혜, 원칙, 그리고 인격이란 결과를 가져왔기 때문이다.

그가 스티브 제이미슨과 함께 쓴 자서전 《우든, 코트 안팎에서 보낸 관찰과 숙고의 일생Wooden: A Lifetime of Observations and Reflections on and off the Court》을 스포츠와 관련이 있는 모든 선수들과 코치들, 그리고 학부모들에게 추천한다. 사실, 스포츠와 관련이 없는 사람들에게도 강력히 추천한다.

우든이 배출한 가장 우수한 선수들 중 한 명인 빌 월턴은 "난 나의 코치에게서, 농구보다 훨씬 더 많은 것을 배웠어요. 팀워크, 개인의 탁월성, 규율, 헌신, 집중, 조직, 그리고 리더십 등 그분이 코트에서 내게 가르친 기술은 모든 사람이 현실 속에서 필요로 하는 것들이죠. 그분은 나에게 농구를 가르치지 않으셨어요. 인생에 대해 가르치셨습니다. 그는 우리에게 '한 가지 목표에 집중하는 방법'을 알려주셨고 어떤 노력을 해서라도 최고가 되어야 한다는 것을 가르쳐주셨죠."

우든 코치는 스포츠에서 '말이 얼마나 중요한가'에 대해 이렇게 말했다.

· 화를 조절하고, 선수를 모독하는 언어를 자제하라.

· 리더십은 가능한 한 최고의 결과를 이끌어내기 위해 개인의 능력은 물론 동시에 팀원들이 자신들이 해낸 것을 알게 하는 능력이다.

· 공개적인 자리에서 하는 심한 비난은 사람들을 난처하게 만들고 반감을 사는 동시에 당신의 메시지를 전달하는 데 역효과를 초래할 수 있다. 이는 농구 코트에서든 사업 현장에서든 언제나 비건설적이다.

· 경기에 그다지 많이 참전하지 않는 선수들도 더 많이 출전한 선수들의 발전에 아주 중요한 역할을 한다. 그들은 반드시 필요한 선수들이고, 리더는 그 사실을 선수들 이 깨닫도록 해줘야 한다.

· 진심에서 우러난 칭찬을 해줄 사적인 기회를 찾아라.

· 경기에서 이겼을 때와 졌을 때 선수들의 반응은, 경기에 임하는 자세만큼이나 중요하다. 나는 내 선수들이 승패의 상황에서 '패전에서는 우아한 패배', '승전에서는 겸손한 승리'라는 스타일과 자세를 가지길 바랐다.

훌륭한 코치는 선수들에게,

그들이 현재 누구인가가 아니라

장차 어떤 사람이 될 수 있는가를 알게 해준다

–

아라 파스기안 *Ara Parseghian*

한 편의 글
영원히 남아 전해지는 힘

~~

편지를 써서 접어 봉투에 넣고 우편으로 부치는 데는
3분 정도밖에 안 걸리지만, 그 글의 힘은 놀랍다.

완다 로스콧 *Wanda Loskot*

직접 쓴 글의 위대한 힘

이 책에 담긴 내용은 대부분 일상적인 대화에서 우리가 서로에
게 하는 말에 대한 것이다. 그러나 우리는 말을 글로 적기도 한다.
글은 말보다 속도는 더 느리지만, 그만큼 강력하고 지속적인 영향
력을 지닌다. 따라서 이 장에서는 직접 손으로 쓴 쪽지나 편지가
가진 힘에 대해 이야기해볼까 한다.

사업, 의사소통, 그리고 대인관계 분야의 많은 전문가들이 '직접

손으로 쓰는 글'을 활용하라고 열렬히 권장한다. 이는 과거의 어느 때보다 현대의 삶에 더 큰 영향력을 지닌다고 지적하면서. 우리는 이미 전화, 팩스, 문자 혹은 이메일로 즉석에서 다른 사람들과 연락을 주고받는 데 익숙해졌다. 그래서 직접 편지를 쓰는 경우는 거의 없다. '직접 쓴다'는 건 시간과 노력을 기울였다는 걸 의미하는데도. '직접 쓴 글의 힘'에 대해 많은 권위자들이 이렇게 말한다.

"우리는 가장 작은 손길의 위력을 너무 과소평가한다. 인간의 손길 중에서도, 작지만 손으로 '정성껏' 쓴 편지가 가장 큰 힘을 지닌다."

"직접 쓴 편지로 감사의 마음을 전하는 것은 이메일의 속도보다 훨씬 더 빠르게 관계를 돈독히 하고 개선해준다. 내 말을 오해하지 말라. 난 이메일을 좋아하지만, 중요한 일을 긴요하게 처리하고 싶을 때면 직접 편지를 쓴다. 개인적으로 시간을 투자해 그에 대해 생각했음을 보여주니까."

"스스로에게 물어보라. 누군가 직접 시간을 들여 쓴 편지를 내게 보냈다면, 그에게 호감이 가고 특별하게 느껴지지 않겠는가?"

"적절한 상황에 손으로 정성스레 쓴 편지는 예술 작품이다. 그 편지는 읽는 사람에게 '당신은 내게 중요한 존재고, 당신을 위해 수고를 했습니다. 여기에 내가 누구인지 담겨 있죠. 난 항상 당신을 생각하고 있답니다'라는 메시지를 전달한다."

친필 메모가 힘을 발휘하는 순간들

친필 메모나 편지를 써야 하는 이유를 들자면 끝이 없겠지만, 아래에 기술한 열 가지는 그 메모나 편지를 받았을 때 상대방들이 가장 감사할 상황들이다. 각각의 경우에서 나는 가게에서 산 카드가 아니라 직접 손으로 쓰는 메모를 제안하고 있다는 점을 명심해라.

먼저 감사 편지의 편지. 손으로 직접 쓴 감사의 편지를 대신할 만한 건 과거에도 없었고, 미래에도 결코 없을 것이다. 진심에서 우러난 편지보다 감사의 마음을 더 잘 표현할 수 있는 건 없다.

다음으로 누군가 좌절해 있을 때, 사적인 편지를 받는다면 가장 위로가 될 것이다. 진심은 언제나 통하기 마련이다. 위로를 전하는 편지의 힘은 상당하다.

또한 '당신을 생각합니다'라는 메시지를 친필로 전해보길 바란다. 이런 메시지를 편지로 받는다는 건 일상의 커다란 기쁨이다.

우울할 때 이런 메시지를 받는다면…. 우리는 자주 연락하지 못하더라도, 정말 나에겐 좋은 친구가 있다는 사실을 실감하게 된다.

이어서 축하하는 편지를 보내보길 바란다. 그게 무슨 일이든, 우리는 내가 성취한 것을 남이 알아주는 걸 좋아한다. 졸업, 취업, 승진, 임신, 내 집 장만 혹은 일생의 또 다른 이정표에 도달하는 일…. 무엇이든 누군가 글로 우리를 축하해준다면 기분은 이루 말할 수 없다.

편지는 감사와 축하하는 마음을 전하는 것은 물론, 사과할 때도 참 효과적인 매체다. 우리는 모두 다른 사람과 상처를 주고받는다. 그 상처를 치유하기 위한 좋은 출발은 진심에서 우러난 사과의 편지이다. 그러면 으레 그 상처는 아물기 마련이다.

직장에서 메모를 활용해보는 건 어떨까? 포드 자동차 회사의 전임 회장, 도날드 피터슨은 거의 매일 직원들에게 친필로 쓴 긍정적인 메모를 준 습관으로 잘 알려져 있다. 피터슨은 이렇게 말했다. "당신의 하루 중 가장 중요한 10분을 당신을 위해 일하는 사람들의 사기를 진작시키는 데 쓰세요."

우리는 모두 삶에서 중요한 전환점이 될 변화의 시기를 맞이한다. 이사를 하고, 직장을 옮기고, 여행을 가고…. 이때 친구들의 격려와 친절한 편지는 언제나 우리의 사기를 북돋아준다.

갈등을 해결하는 데도 글은 큰 역할을 한다. 대인관계에 있어

많은 갈등들이 해결되지 않는 이유는, 그들 중 누구도 먼저 화해의 첫발을 내딛고 싶어 하지 않거나 그 방법을 모르기 때문이다. 갈등을 해소하기 위한 아주 좋은 방법은 상대방에게 '해결점을 모색하기 위해 만나자'는 짧고 간단한 쪽지를 쓰는 것이다.

당신은 편지로 누군가를 격려해본 적이 있는가? 사랑하는 사람을 잃는 것과 더불어, 우리는 살면서 많은 역경으로 고통 받는다. 비슷한 일을 겪은 누군가로부터 공들여 쓴 편지를 받는다면 큰 위로가 될 것이다.

마지막으로, 사랑과 우정을 일깨워주는 메모들을 남겨보자. 생일, 명절 등과 같은 특별한 날에 카드나 메모를 받는 건 언제나 기분 좋은 일이다. 그러나 특별한 의무나 '이유'가 없는 순간에 받으면 훨씬 더 기분이 좋다. '우리의 우정을 소중히 여기며' 라든가 '널 사랑해'라고 적혀 있는 메모들은 받는 기쁨만큼이나 쓰는 즐거움 또한 크다.

효율적인 메모를 위한 네 가지 "S"

프레드 바우어Fred Bauer는 몇 년 전 〈리더스 다이제스트〉에 '메모의 힘'이라는 흥미진진한 글을 썼다. 필을 비롯한 많은 저명인사들은 친필 메모 쓰기를 일과로 삼았다. 그리고 이 일과를 통해 수천 명의 삶을 풍요롭게 만들었다. 바우어는 '효율적인 메모'의 필수 요소 네 가지를 이렇게 말한다.

· Sincere(진심)

자신의 배가 쓸데없는 연기로 가득 차길 바라는 이는 아무도 없다.

· Short(짧게)

세 문장으로 요약할 수 없다면, 당신은 아마도 긴장한 상태일 것이다.

· Specific(구체적으로)

사업 동료에게 "좋은 연설이었어"라고 말하기보다는 "워렌 버핏의 투자 전략을 듣는 것 같았다"라고 구체적으로 칭찬해준다.

· Spontaneous(자발적으로)

메모에 오랫동안 지속될 신선함과 열의를 더해준다.

냉담하고 둔감한 세상에서,
마음이 담긴 메모는 온정과 확신의 샘이다.
우리는 모두 이따금씩 사기를
진작시킬 필요가 있으며, 칭찬 몇 줄이
하루를, 심지어는 일생을 바꿀 수 있다.

—프레드 바우어 *Fred Bauer*

친필 메모가 보물이 되는 순간

그토록 많은 사람들이 사진을 찍는 주된 이유는 특별한 순간과 특별한 사람들의 기억을 보존하고 싶기 때문이다. 이와 똑같은 이유가 직접 친필로 쓴 메모에도 적용된다. 그중 많은 메모들이 우리에게 결코 잊을 수 없는 깊은 감동을 준다. 그리고 대부분이 보존된다. 일 년, 혹은 몇 년 후에 읽어도 여전히 감동을 주고 아름다운 기억들이 떠오르게 하면서 말이다. 자녀들과 손자들이 쓴 메모는 그중에서도 가장 값진 보물이다. 그 외에도 우리의 가슴속에 특별한 의미를 지니는 메모들은 얼마든지 있다.

내가 고등학교 교사로 재직하는 동안, 학교는 출석률이 저조하거나, 성적이 나쁘거나, 수업 태도가 나쁘다거나, 행동이 불량할 때마다 해당 학생의 가정으로 '경고 통지서'를 발부했다. 학생들은 그 통지서를 '불량 학생 통지서'라고 불렀다. "학교에서 집으로 뭔가를 보냈다면, 그건 당연히 내가 불량 학생이란 걸 알리는 통지서겠죠"라며 그들은 항상 불평했다.

나는 학교가 왜 '불량 학생 통지서'는 보내면서, '선행 학생 통지서'는 발행하지 않을까 궁금했다. 나는 그 문제를 간단하게 해결했다. 학교 직원에게 부탁해 마치 학교에서 발행하는 문서처럼 '선행 학생 통지서'를 만든 것이다. 나는 수십 명의 학생들의 집에 이것을 작성해서 우편으로 부쳤다. 이는 매우 유쾌하고 재밌는 작업이었는데, 이 통지서로 인해 학생, 학부모, 그리고 교사 모두가 승자가 될 것임을 알았기 때문이다. 그러나 당시까지만 해도 나는 이 작은 통지서가 몰고 올 영향을 너무 과소평가하고 있었다.

일차로 통지서 몇 장을 발송한 며칠 후, 나는 한 남학생의 어머니로 부터 전화를 받았다. 그녀는 문자 그대로 흐느꼈고, 그녀의 말은 내 가슴에 깊이 아로새겨졌다. "오, 어반 선생님! 이 통지서 때문에 우리가 얼마나 행복한지 아마 모르실 거예요. 커티스가 그 학교에 다닌 4년 동안 경고 통지서는 숱하게 받았지만 우리 아이에 대한 좋은 말을 듣기는 이번이 처음이거든요. 결국 다른 사람이 우리 아들의 장점을 봐준 거니까 이 통지서는 소중히 간직할게요."

내가 대단한 일을 했다고 생각하지는 않았지만, 이 어머니와 그 아들 생각에는 그러했다. 커티스는 다음 날 교무실로 날 찾아와 울먹이며 고맙다고 말했다. 어머니와 아들의 반응으로 나는 앞으로 어떤 일이 벌어질지 예감했다. 모두가 한결같은 반응은 아니었지만, 대다수의 학부모들이 내게 전화를 걸거나 유사한 내용의 편지를 썼다. 그리고 거의 모든 아이들은 개인적으로 내게 고마워했다. 실제로 그들은 이 간단한 통지서들을 깊이 간직했고, 어떤 이들은 액자에 넣어서 보관하기도 했다. 내가 개인적으로 소중히 여기고 간직하는 친필 메모들은 나의 세 아들, 어머니, 아내, 동료(특히 교직에서 은퇴할 당시의), 학생들, 그 학부모들, 그리고 첫 번째 저서에 관해 독자들이 보낸 것들이다. 그중에서도 가장 아끼는 건 1990년대 후반 내 심리학 강좌를 수강했던 2학년 학생 크리스탈이 보낸 것이다. 크리스탈은 교사들이 이상적으로 생각하는 학생이었다. 공손하고, 성실하고, 호기심 많으며, 통찰력이 있고, 열심히 공부하면서도 친절했다. 그 여학생이 이혼한 부모 중 누구도 그녀를 원하지 않아서 그룹 홈에서 생활하고 있다는 사실을 알았을 때 나는 몹시 놀랐다. 어느 누가 이 아이를 사랑하지 않을 수 있단 말인가? 특히나 부모로서. 그녀는 내게 다정한 친구가 되기도 한 특별한 학생이었다. 내 수업을 수강하던 해 추수감사절에는 우리 가족과 저녁 식사를 함께 하기도 했다. 그녀는 정말 내 생의 축복이었다.

학기 마지막 날에, 크리스탈은 진심에서 우러난 편지를 썼다. 그녀는 학기말 시험지를 마지막으로 제출한 학생이었다. 심지어는 점심시간을 알리는 벨이 울린 후에도 계속 답안지를 작성했다. 마침내 시험 답안을 제출하고는 날 포옹하며 다음 학기에 내 강의를 수강하지 않더라도 자주 찾아와 뵙겠다고 말했다. 그 말만으로도 내 기분은 아주 좋았다. 몇 시간 후, 그녀의 학기말 시험 답안을 본 나는 그녀에게 시간이 더 필요했던 이유를 깨달았다. 내게 편지를 썼으며 그 편지를 시험지 끝에 붙여놓았기 때문이었다. 그녀의 편지는 아름다웠다. 그러나 특히 나를 감동시킨 글은 마지막 두 문장이었다. "우리는 태어날 때 부모를 선택할 수 없죠. 하지만 할 수 있다면, 전 선생님을 제 아버지로 선택하고 싶어요." 여러분이 상상하는 것처럼, 그 편지를 읽은 내 눈에서 눈물이 흘렀다. 마크 트웨인은 칭찬 한마디라면 두 달만 살고 생을 마감해도 좋다고 말했다. 이 감사의 말은 평생 내 마음에서 잊혀지지 않으리라.

이 편지를 여러분에게 공개하는 이유는 나 자신을 영웅처럼 보이고 싶기 때문이 아니다. 글로 전하는 좋은 말이 얼마나 강력한 힘을 가지고 있는지에 대한 실화를 들려주고 싶기 때문이다. 시간을 내서 우리가 느끼는 사랑과 감사의 마음을 글로 표현할 수만 있다면, 우리 모두는 다른 사람의 일생에 크리스탈이 될 힘을 지니고 있는 것이다.

손으로 쓴 메모는
전등이 아니라 촛불로 밝힌 만찬,
주문한 제품이 아니라 직접 만든 선물,
드라이브가 아니라 산책과 같은 존재이다.

손으로 쓴 메모는 여러분의 삶에 많은 것을 풍요롭게 더해줄 것이다.
여러분은 여전히 매일의 통신수단으로 전화나 인터넷을 쓸 수도 있다.
그러나 중요한 말은 펜을 집어 드는 것도 예의 바르고, 세련되고,
상대방을 배려하는 교양 있는 행동이라는 점이다.

—

마거릿 세퍼드 *Margaret Shepherd*

말은 우리가 살아 있을 때
비로소 가장 강하다

～～

친구들에게 죽을 때까지 애정이 담긴 말을 아끼지 마라.
아껴서 친구들의 비석에 적지 말고 차라리 지금 들려줘라.

애나 커민스 *Anna Cammins*

긍정적인 말은 왜 쑥쓰러운가

수년간 나는 현실 세계와 학구적인 과제를 연결하고자 노력한
담임교사였다. 따라서 나는 항상 내 수업에 접목될 만한 살아 있
는 교훈을 찾기 위해 힘썼다. 내 교직 생활에서 최고의 교훈을 얻
은 건 30년 전이었다. 고등학교 2학년생들에게 '서로를 비하하는
대신 서로를 칭찬하는 긍정적인 언어를 쓰라'고 가르치던 그때.

1972년 봄, 오후 심리학 수업 시간을 수강하는 그룹은 훌륭한

학생들이었다. 모두들 공손하고 에너지가 넘치면서도 학구열이 넘쳐서 수업이 즐거웠다. 다만 신경 쓰이는 점은 딱 한 가지였다. 많은 10대들처럼 그 학생들도 서로 비하하고 싶은 본능적인 욕구를 지니고 있는 듯했다.

가끔 농담처럼 이런 행동을 했지만, 듣는 사람 입장에서는 단순히 웃어넘길 일이 아니었다. 그 학생들이 하는 혹평에 악의는 없었다. 단지 남의 기분을 배려할 줄 몰라서 흔히 상처를 주거나 받곤 했다.

나의 심리학 수업은 선택과목이었고 학생들은 선택적으로 내 수업을 수강했다. 따라서 나는 이 수업을 '인간의 성장과 발달심리학'이라고 이름 붙였고, 언제나 이 과정이 정신 건강에 필요하다고 홍보했다. 내 임무는 학생들이 풍요롭고 가치 있는 삶의 잠재력을 일깨우는 데 도움을 주는 것이었다. 그들의 내면에서 최선을 이끌어내고 싶었다. 따라서 비방하고 상처를 주는 일은 내 교수 목적이나 내가 조성하려고 애쓰는 수업 분위기에 어울리지 않았다. 그래서 그 문제를 거론할 필요가 있었다.

우리는 매일 똑같은 방식으로 수업을 시작했다. "오늘 축하할 일은?" 내가 물었다. 학생들은 좋은 소식을 전하거나 감사하고 싶은 일이나 사람에 대해 이야기했다. 겨우 몇 분 동안이지만, 그 시간은 효과가 있었고 항상 긍정적인 분위기에서 수업을 시작하는

데 도움이 되었다. 나는 대답을 알면서도 학생들에게 수업을 시작하는 방식이 마음에 드냐고 물었다. 그러면 학생들은 이구동성으로 좋은 방법이라고 말했고, 실제로도 이 시간을 기다리는 듯 보였다.

그리고 얼마 후 나는 학생들에게 이같이 말했다. "우리의 목표와 서로를 비난하는 일이 왜 어울리지 않는지 알고 있나? 그건 꽤 심각한 일이라고." 그러나 학생들의 반응은 시큰둥했다. "저흰 그냥 농담하는 건데요, 뭐", "애들이 다 그렇죠", "별 뜻 없이 하는 말이에요." 내가 물었다. "너희들은 아무리 '농담'이라 해도, 그런 비난을 듣는 입장이 되고 싶니?" 몇몇 학생들은 그다지 신경 쓰이지 않는다고 말했지만, 대다수는 상처받거나 당황스러울 것 같다는 쪽으로 의견을 모았다.

나는 "서로를 비난하는 행동은 우리가 하려 하는 것과 정반대인 걸 알겠니? 자, 이렇게 한번 해봐. 기쁜 소식, 감사하고 싶은 일, 친구에 대해 칭찬하는 말…. 그런 것들을 하는 거야." 내 의견에 대한 학생들의 반응은 어땠을까? 누군가 먼저 "싫어요!"라고 말했다. 그리고 이런 말들이 터져 나왔다. "애들은 그런 식으로 말하지 않아요", "너무 부끄러워요", "그런 말을 하는 건 쑥스러워요."

그래, 학생들의 말이 맞다. 그들은 그런 말에 익숙하지 않기 때문에 쑥스러울 게 분명하다. 나는 '자전거 타기'에 대한 이야기를 해주면서 학생들에게 설명했다. 처음 자전거를 배웠을 때 어색하고 힘들었지만, 익숙해졌을 때 재밌고 자신 있게 달렸다는 사실을 기억하냐고 물으면서. 학생들은 모두 그렇다고 대답했다.

나는 "지금껏 너희들에게 서로 칭찬해주거나 긍정적으로 말해주는 방법을 가르쳐준 사람이 없기 때문에 그렇게 불편한 거야. 충분히 이해한단다"라고 말했다. 그리고 덧붙여 "누군가 자신을 긍정적으로 봐줄 때 기분이 어때?"라고 묻자, 모두들 좋다고 했다. 그래서 내가 "그렇다면 남에게 긍정적으로 말해주는 게 좋은 사교 기술이 될까?"라고 묻자, 모두들 이번에도 '그렇다'고 대답했다. 난 좀 더 의욕을 돋우는 말을 했다. "그렇다면 다른 사람들에 대해 긍정적으로 말해주기 위해, 이 쑥스러운 단계를 거칠 만한 가치가 있을까?" 이번 질문에 대해 학생들은 잠시 망설였지만, 곧 대부분이 그럴 만한 가치가 있다고 동의했다. "좋아, 내일부터 시작하자!"

어느 추도식에서 얻은 교훈

그 후, 나는 한 추도식에 참여해야 했기 때문에 심리학 수업에 참여할 수 없었다. '긍정적인 말의 시도는 내일부터 시작하겠다'는 말을 전해달라며, 다른 교사에게 수업을 맡겼다. 추도식은 인근 동네의 큰 교회에서 거행되었는데, 많은 추도객들이 참석했다. 나는 아내와 함께 앞줄 가까운 자리에 앉았다.

추도식은 의외의 방식으로 시작됐다. 옆문에서 목사가 나와 무선 마이크를 집어 들더니, 중앙 복도로 곧장 내려왔다. 슬퍼보여야 할 때인 데도 그는 기분이 좋아보였다. 그는 얼굴에 환하게 미소를 지으며 말했다. "오늘은 삶을 축하하는 날입니다!" 그는 진심이었다. 그러고는 "고인이 된 밥은 노환으로 별세했으며, 훌륭한 가장이자 관대한 사람이었습니다. 사업은 성공을 이루었고 직원들에게도 잘해주었지요. 친구도 많았으며…"라며 오늘을 축하하는 많은 이유를 계속 얘기했다. 덕분에 추도식은 밝은 분위기로 진행되었다.

추도식은 금방 끝났고, 그는 곧 다시 마이크를 잡고 사람들 앞에서 말했다. "밥에 대한 추억을 다른 사람과 나누고 싶은 분 있으신가요?" 그러자 내 옆에 있는 남자가 번쩍 손을 치켜들었다. 목사는 재빨리 그에게 마이크를 넘겼다. 그는 밥에게 근사한 찬사의 말을 전했다. 그리고 곧 이곳저곳에서 사람들이 손을 들었다.

그 순간, 나는 어제 '다른 사람들에게 대해 긍정정인 말을 하는 게 얼마나 어려운지'에 대해 학생들과 나누었던 대화가 떠올랐다. 그런데 이곳에 모인 많은 성인들은 너무나 쉽게 그렇게 하고 있지 않은가? 아, 그렇다. 나는 곧 그 이유를 명확히 알 것 같았다. 바로, '밥'이 지금 이 자리에 없기 때문이었다. 밥이 살아 있는 동안, 그에게 직접 그런 말을 해준 사람은 과연 몇 명이나 될까? 나는 스스로 대답했다. '아마 한 명도 없을 거야.'

그리고 나는 곧 한 가지 인용문을 떠올렸다.

살아 있는 이에게 전하는 장미 한 송이는 죽은 이에게 바치는 화환보다 더 큰 가치가 있다.

잠시 음미해보라. 살아 있는 친구에게 장미 한 송이를 선물할 것인가? 아니면 그 친구의 추도식에 화환을 선물할 것인가? 어느 쪽이 받는 이에게 더 큰 기쁨을 선사할까? 어느 쪽이 주는 사람에게 더 큰 기쁨이 될 것인가? 그렇다면, 저 인용문을 이렇게 바꿔보는 건 어떨까?

살아 있는 이에게 전하는 다정한 말 한마디는 추도식에 전하는 장황한 말보다 더 큰 가치가 있다.

그날 오후 집으로 돌아오면서, 나는 한시라도 빨리 심리학 수업에 들어가 학생들에게 이 이야기를 들려주고 싶었다. 다시 심리학 수업에 들어갔을 때, 나는 추도식에서 있었던 일을 아주 자세히 전했다. 그리고 이야기를 마친 다음 간단한 질문을 던졌다. "그 자리에서 밥에 대한 찬사를 했던 사람 중, 밥이 살아 있는 동안 그에게 똑같은 말을 해준 사람은 과연 몇 명이나 될까?" 아무도 대답하지 않았다. 그저 모두들 고개만 가로저을 뿐. 학생들도 나와 같은 결론에 도달한 모양이었다.

바로 그때, 교실 뒷줄에 앉아 있던 낸시가 아이디어가 떠올랐는지 초등학생처럼 손을 흔들어댔다. "낸시, 아이디어라도 떠오른 거니?" "네, 선생님! 저희가 서로에게 좋은 말을 해주면서도 어색하지 않을 만한 방법이 떠올랐어요." "잘됐구나! 네 계획을 들어보자."

낸시가 말했다. "관을 교실로 가져오는 거예요. 교실 앞에 놓고 뚜껑은 반쯤 열어두는 거죠. 그리고 우린 번갈아서 그 속으로 들어가는 거예요." 이렇게 말하고서 낸시는 눈을 감고 관속에 누워 두 손을 포개고 있는 모습을 해보였다. 낸시는 상당한 상상력의 소유자였다. 그리고는 노란 형광펜을 들더니 말했다. "자, 선생님이 목사가 되는 거예요. 이건 선생님의 마이크고요. 저에 대해 말하고 싶은 사람이 있는지 물어보세요. 그리고는 손을 드는 아이들에게 다가가시는 거죠. 근사한 건 제가 아이들의 말을 모두 들을 수 있다는 거예요. 관 속에서 아이들이 하는 말을 속속들이 다들을 거예요."

낸시의 반짝 아이디어로 인해 떠오르는 장면들은 아주 우스꽝스러웠다. 한 공립 고등학교 교실에서 그런 일이 벌어지는 걸 상상해보라. 아이들도 나도 웃었다. 하지만 난 한 가지 딜레마에 빠져버렸다. '저 말이 진담일까? 아니면 농담일까? 만약 진담이라면 그 의견에 싫은 내색은 하고 싶지 않고, 그렇다고 교실에 관을 들여놓고 싶지도 않은데…'

잠시 망설이던 내 입에서, 35년간의 교직 기간 동안 가장 바보 같은 말이 튀어나왔다. "아주 좋은 생각이야, 낸시. 하지만 관을 어디서 구해야 할지 모르겠구나." 내가 이 이야기를 하면 교사들은 요란하게 웃는다. 10대 청소년에게 이런 말을 하는 것은 "관을 구해보라"고 부추기는 것과 다름없다는 걸 그들은 알 테니까.

긍정적인 말은 우리가 살아 있을 때 비로소 빛난다

천만다행으로 다음 날 교실 문밖에 관이 놓이진 않았다. 하지만 그날 내가 한 바보 같은 말은, 내가 빠졌던 딜레마보다 더욱 바보 같은 것이었다. 나는 바로 앞줄에 앉아 있던 월트를 내려다보았다. 그 학생의 아버지 직업이 무엇일지 한번 맞춰보라. 그렇다, 장

의사다! 월트는 잠시 곰곰이 생각하더니 천천히 손을 들며 말했다. "그건 문제없어요, 선생님. 어떤 모델을 원하시죠?"

월트의 질문 때문에 우린 잠시 처음의 논지에서 벗어났지만(관모델에 대한 이야기를 하느라), 곧 나는 다시 본론으로 돌아와 학생들에게 이런 질문을 던졌다.

· 좋은 말을 해주기 위해 누군가가 죽을 때까지 기다려야만 하는가?
· 긍정적인 말은 관 없이도 할 수 있지 않을까?
· 우리 교실에는 긍정적인 말을 해줄 만한 사람이 있는가?

아이들은 질문을 통해 내 이야기의 초점을 잡았고, 우리는 학기가 끝날 때까지 희소식과 감사의 말, 축하의 말하기 등의 긍정적인 말하기 시간을 가졌다. 학생들이 예측했던 대로 그 일이 쑥스러웠을까? 당연히 그랬다. 그러나 자전거를 배울 때처럼 그들은 곧 적응했고, 서로를 비난하는 대신 인정해주고 칭찬해주게 되었다. 그 후로도 30년 동안 난 계속해서 '말의 힘'과 '인정하는 법'을 가르쳤다. 언제나 추도식 일화를 함께 얘기하면서. 그 이야기의 교훈은 분명하다. '좋은 말을 해주기 위해 상대방이 죽을 때까지 기다리지 말라!'

지금 당신을 안아줄 한마디

만일 당신이 곧 죽게 되는데 마지막으로 전화 한 통만을 할 수 있다면,

과연 누구에게 전화를 걸 것이며 무슨 말을 할 것인가?

그런데도 왜 기다리는 것인가?

스티븐 레빈*Stephen Levine*

에필로그

친절한 말에 내재된 힘은…

우리가 세상에 절망할 때 힘을 준다

우리가 이룬 것에 대해 명예롭게 해준다

웃을 수 있게 해준다

인간성의 선함에 믿음을 되찾게 한다

우리의 자아상을 높여준다

우리가 최선을 다할 수 있도록 용기를 준다

사기를 고취시킨다

가슴이 따뜻해진다

기분이 좋아진다

상처를 치유한다

노고를 알아봐준다

우리의 내면에서 최선을 이끌어낸다

자신감을 준다

힘든 시기에 지탱해준다

승리를 축하해준다

슬플 때 우리를 위로해준다

우리 스스로가 중요한 존재라는 느낌을 준다

우리가 스스로를 믿도록 도와준다

조금 더 분발해야 할 때 용기가 되어준다

폭발하는 에너지를 준다

감사를 전한다

뜻밖의 시기에 깜짝 놀랄 기쁨을 준다

소중한 교훈을 가르쳐준다

가장 암울한 시간에 우리를 지탱해준다

우리가 존중받을 자격이 있는 존재임을 깨닫게 해준다

감사받는 존재인 이유들을 지적한다

다른 사람들이 우리를 신뢰한다는 것을 보여준다

우리의 날들을 밝혀준다

우리의 삶을 윤택하게 해준다

몇 년 전 나는 교사의 심금을 울리는 특별한 편지 한 통을 받았다. 예전의 제자였으며 대학을 졸업하던 빌이 보낸 편지였다. "난 선생님에게서 아주 가치 있는 것을 배웠어요. 그것은 내가 대학에서 공부를 하는 동안에도 늘 함께했고, 앞으로도 평생 가슴속에 남아 있을 거예요!"

긍정적인 피드백을 받는 건 언제나 기분 좋은 일이다. 그러나 빌은 내가 교직 생활을 하며 만난 가장 우수한 학생들 중 한 명이었기 때문에 그 편지는 내게 더욱 큰 감동이었다. 내 강의를 수강하기 시작한 처음 며칠 동안은 '인정해주는 말은 그저 감상적일 뿐이다'라고 생각했다고 한다. 그러나 그는 노력을 기울였고 이내 생각이 바뀌었다. 말에 대한 교훈들이 자신에게 네 가지 면에서 도움이 되었다고 말했다.

첫째, 말이 지닐 수 있는 무서운 힘을 알게 되었고, 따라서 보다 신중하게 말을 골라서 하는 습관을 가지게 되었다. 둘째, 다른 사람들에게서 좋은 점을 찾게 되었고, 어디에서든 사람들의 장점을 말할 기회를 찾아냈다. 그는 말했다. "이제 저는 항상 상대방에게 듣기 좋은 것들만을 생각하게 되었습니다." 셋째, 일단 시도를 해보자, 일상에서 다른 사람들을 인정해주는 일은 훨씬 수월하고 자연스러운 것이었다. 넷째, 다른 사람의 기분이 좋아지게 만들 때마다 자신도 기분이 좋아지고 행복해지는 느낌이 들었다.

이 책을 읽음으로써 여러분에게도 같은 변화가 일어나기를 나는 희망하고 기도한다.

관계의 온기를 더하는 긍정적인 말의 힘
말 한마디로 당신을 안아줄 수 있다면

초판 1쇄 2006년 6월 15일
초판 65쇄 2015년 3월 6일
2판 1쇄 2019년 11월 30일
2판 3쇄 2024년 3월 25일

지은이 할 어반　**옮긴이** 박정길

발행인 이봉주　**단행본사업본부장** 신동해
편집장 조한나　**책임편집** 윤지윤　**디자인** 이경란
마케팅 최혜진 이인국　**홍보** 반여진 허지호 정지연 송임선
국제업무 김은정 김지민　**제작** 정석훈

브랜드 웅진지식하우스　**주소** 경기도 파주시 회동길 20
문의전화 031-956-7356(편집) 031-956-7089(마케팅)
홈페이지 http://www.wjbooks.co.kr
인스타그램 www.instagram.com/woongjin_readers
페이스북 https://www.facebook.com/woongjinreaders
블로그 blog.naver.com/wj_booking

발행처 (주)웅진씽크빅
출판신고 1980년 3월 29일 제406-2007-000046호
한국어판 출판권 웅진씽크빅, 2019

ISBN 978-89-01-23790-9 (03190)